Hans Börnsen Vom Lesen im Buch der Natur

Hans Börnsen

Vom Lesen im Buch der Natur

Gesammelte Vorträge

Philosophisch-Anthroposophischer
VERLAG AM GOETHEANUM
Dornach/Schweiz

Herausgegeben von
Dr. Heinrich Schwentek (Lindau),
Rolf Speckner (Hamburg)
und Hans Themann (Bremen)

Gesamtherstellung: Clausen & Bosse, Leck

ISBN 3-7235-0404-3

Inhalt

Vorwort 7

Über das Lesen im Buch der Natur
Vortrag, Hamburg, 4. Juni 1952 9

Maß und Zahl – Der Mensch, das Maß aller Dinge
Vortrag, Hamburg, 14. Oktober 1955 35

Farbe und Form als Elemente der Weltensprache
Vortrag, Hamburg, 25. Mai 1956 59

Wissenschaft und Wirklichkeit – Das Verhältnis der Naturwissenschaft zur Wirklichkeit der Natur
Vortrag, Hamburg, 15. Juni 1957 82

Das Wesen der Mitteilung – Entäußerung oder Verinnerlichung des Denkens
Vortrag, Hamburg, 10. Oktober 1957 104

Bild, Wort, Gedanke – Das Gewahrwerden der Idee in der Erscheinung
Vortrag, Hamburg, 3. Juni 1955 125

Anmerkungen 146

Über den Verfasser 158

Werk-Verzeichnis 160

Vorwort

Der vorliegende Sammelband enthält sechs Vorträge über Grundfragen der Naturerkenntnis. Dr. Hans Börnsen hielt diese Vorträge öffentlich in den Jahren 1952 bis 1957 vor einer größeren Hörerschaft in Räumen der Universität Hamburg und der Kunsthalle. Der Vortrag ‹Über das Lesen im Buch der Natur› sowie derjenige über ‹Bild, Wort, Gedanke – Das Gewahrwerden der Idee in der Erscheinung› werden hier zum ersten Male gedruckt. Die anderen vier sind bereits früher einzeln erschienen, aber seit langer Zeit vergriffen. Bei Einhaltung der zeitlichen Reihenfolge hätte der zuletzt abgedruckte Vortrag an zweiter Stelle folgen müssen. Er steht am Ende dieser Sammlung, weil er vieles zusammenfaßt und in einen umfassenden geschichtlichen Zusammenhang rückt.

Wir danken Elsa Börnsen dafür, daß sie uns die Handschriften aus dem Nachlaß ihres Bruders für diese Veröffentlichung zur Verfügung gestellt hat. Auch den namentlich ungenannt bleibenden finanziellen Förderern dieser Veröffentlichung sei an dieser Stelle nochmals unser herzlicher Dank ausgesprochen.

7. Mai 1986 *Die Herausgeber*

Über das Lesen im Buch der Natur

Ein Buch nennen wir das, was man lesen muß, um es zu verstehen. Wenn wir daher von der Natur als von einem Buch sprechen, so bedingt das, daß wir anerkennen, daß wir *nicht* verstehen, was die Natur ist, solange wir in diesem Buche noch nicht lesen können. Es handelt sich also nicht darum, das, was wir unter Natur schon zu verstehen glauben, nun auch noch als ein Buch zu bezeichnen, sondern darum, zu lernen, uns der Natur gegenüber lesend zu verhalten, um allererst zu suchen, was sie ist. Das bedeutet aber, einen ungeheuren Umschwung in unsrer Haltung gegenüber der Natur zu vollziehen.

Wenn wir aussprechen, daß Goethe in der neueren Zeit diesen Umschwung allererst vollzogen hat, so ist uns damit nicht die Aufgabe abgenommen, ihn aus den Tiefen unserer Seele heraus von neuem durchzuführen, im Gegenteil: nur dadurch können wir hoffen, die Größe Goethes nach und nach tiefer zu begreifen, die z. B. auf Hermann Grimm so gewirkt hat, daß er aussprach, man werde Goethe erst in einem Jahrtausend völlig verstehen. Rudolf Steiner führte diesen Ausspruch einmal an und fügte hinzu: «Ich muß sagen: das glaube ich auch.»[1] Aber er fügte auch hinzu, daß wir uns überzeugt halten dürfen, «daß Goethe unbedingt – wenn wir ihn heute fragen würden: Sind wir mit der Geisteswissenschaft auf dem Wege, den du dazumal angestrebt hast, wie es dazumal eben möglich war? –, daß er sagen würde: ‹Dasjenige, was Geisteswissenschaft ist, bewegt sich in meinen Bahnen.›» Geisteswissenschaft ergreifen heißt aber, lesen lernen im Buche der Natur, wie wir das eben hier genauer darzulegen hoffen und wie es von Rudolf Steiner selbst oftmals nachdrücklich betont worden ist.

Goethe wollte überall der Natur lesend gegenübertreten, und er hat das auch in vielen Äußerungen unmittelbar ausgesprochen. Ich führe hier nur einige wenige Beispiele an: Am 22. August 1784 schreibt er mit Bezug auf die Werke der Natur an Frau von Stein: «Die große und schöne Schrift ist immer lesbar und nur dann nicht zu entziffern, wenn die Menschen ihre kleinlichen Vorstellungen und ihre Beschränktheit auf unendliche Wesen übertragen wollen.»[2] Oder im Wilhelm Meister: «Wenn ich nun aber eben diese Spalten und Risse als Buchstaben behandelte, sie zu entziffern hätte, sie zu Worten bildete, und sie fertig zu lesen lernte, hättest du etwas dagegen?»[3] Zu Falk sagt er schließlich einmal: «Wir sollten weniger sprechen und mehr zeichnen. Ich meinerseits möchte mir das Reden ganz abgewöhnen und wie die bildende Natur in lauter Zeichnungen fortsprechen. Jener Feigenbaum, diese kleine Schlange, der Cocon, der dort vor dem Fenster liegt und seine Zukunft ruhig erwartet, alles das sind *inhaltschwere Signaturen;* ja, wer nur ihre *Bedeutung* recht zu entziffern vermöchte, der würde alles Geschriebenen und alles Gesprochenen bald zu entbehren imstande sein.»[4] Und so konnte Rudolf Steiner von Goethe sagen, daß er, «als er nach Weimar kam, die Naturwissenschaft von einer neuen

Seite aufnahm, die Botanik, die Zoologie, die Knochenlehre, usw., um jetzt alles wie Buchstaben zu betrachten, die zusammen das Buch der Natur ergaben, die hineinführen in die Geheimnisse des Daseins»[5].

Das war es aber eigentlich, was Goethe ermöglichte, den Menschen in der Natur und die Natur im Menschen, den Menschen in seinem Zusammenhange mit der Natur gewahr zu werden, wie er es in jenem bekannten Wort in seinem Buche über Winkelmann zum Ausdruck gebracht hat, das, wie wir gleich sehen werden, der modernen Anschauung über die Stellung des Menschen der Natur gegenüber so radikal widerspricht. Ich meine das bekannte Wort: «Wenn die gesunde Natur des Menschen als ein Ganzes wirkt, wenn er sich in der Welt als in einem großen, schönen, würdigen und werten Ganzen fühlt, wenn das harmonische Behagen ihm ein reines freies Entzücken gewährt: dann würde das Weltall, wenn es sich selbst empfinden könnte, als an sein Ziel gelangt aufjauchzen, und den Gipfel des eigenen Werdens und Wesens bewundern.»[6]

Goethe meinte etwas ganz anderes mit dem Wort Natur oder auch hier mit dem Wort Weltall als das, was heute ganz allgemein darunter verstanden wird, denn *das kann* den Menschen niemals als seinen Gipfel hervorgebracht haben, der Mensch fühlt sich nicht als ein Glied *der* Natur, von der eben die Naturwissenschaft spricht, er steht außerhalb ihrer, ihr gegenüber, fremd, durch eine Kluft von ihr getrennt.

«Nehmen Sie die umliegende Natur» – so sagt Rudolf Steiner einmal – «und alles das, was Physik, Chemie, Physiologie, Biologie usw. heute über diese Natur sagen, vergegenwärtigen Sie sich das alles, was so über die Natur gesagt wird, und denken Sie dann an den Menschen, wie er lebt zwischen Geburt und Tod, so werden Sie sich sagen: Dieses ganze Leben ist ein *Kampf* gegen dasjenige Reich, das von diesen Naturgesetzen beherrscht wird. Nur dadurch, daß gewissermaßen die menschliche Organisation von diesen Naturgesetzen nichts wissen will, sie bekämpft, gerade dadurch ist der Mensch *Mensch* zwischen der Geburt und dem Tode... Der Mensch ist *nicht darinnen* in derjenigen Natur, welche die heutige Wissenschaft beherrscht. Ja, der Mensch lehnt sich auf mit jedem Atemzuge gegen diese Natur, von der diese Wissenschaft spricht.»[7]

Und nun heißt es weiter, und damit ist schon auf jenen großen Umschwung gedeutet, von dem wir gesprochen haben: «Man kann aber *dennoch* sprechen von dem Kosmos, von dem All, denn aus dem Schoße dieses *Kosmos* geht ja auch der Mensch hervor, so wie er als physischer Mensch zunächst vor uns steht. *Dann müssen wir aber diesen Kosmos eben von anderer Wesenheit denken,* als das, was wir zum Seeleninhalt haben, wenn wir im Sinne der heutigen Wissenschaft reden.»[7]

Ja, an einer anderen Stelle spricht er davon, daß wir infolge der Verbreitung und Wirksamkeit dieser heutigen Wissenschaft geradezu zu Analphabeten gegenüber diesem Kosmos geworden sind: «Derjenige, der die *Welterscheinungen* nicht *lesen* kann, steht eben wie ein *Analphabet des Kosmos* vor den Erscheinungen. Der aber, der lesen kann, liest den Verlauf der geistigen Welt aus diesen Dingen. Das für die jetzige materialistische Zeit Charakteristische ist, daß die Menschen durch den Materialismus dem Kosmos gegenüber Analphabeten sind, und zwar nahezu hundertprozentige ...

Diesen kosmischen Analphabetismus aufzuheben, ist die Aufgabe der Geisteswissenschaft ... Wahr ist es, *wenn wir unsere Aufgabe in der geisteswissenschaftlichen Strömung ahnen, daß wir aus Analphabeten Lesende des Kosmos* werden sollen. Aber wir sollen die Demut dabei nicht verlieren, denn so wie die Zeit heute ist, sind wir noch sehr stark in der Notwendigkeit der Elementarschule. Wir kommen kaum schon zu einem wirklichen Lesen, sondern nur zu einer Art von Buchstabieren. Aber wir können doch ergriffen sein von dem Umwandlungsimpuls, der dadurch für die Menschheitsentwicklung hereinbricht. Und wenn wir davon ergriffen werden, dann stellen wir uns in der richtigen Weise zu dem, was sozusagen die *Zeichen der Zeit* von uns fordern, stellen uns als richtige Glieder der geisteswissenschaftlichen Weltanschauungsströmung in diese (Weltanschauungsströmung) hinein.»[8]

Und als dann Rudolf Steiner am 1. August 1924 noch einmal vom Lesen im Buche der Natur sprach, wies er auf den großen *Raimundus de Sabunda* hin, der noch im Beginn des 15. Jahrhunderts gelehrt habe, daß die Menschen, wenn sie nicht gefallen wären, das Wesen alles dessen, was in der Welt ausgebreitet ist, in seiner wahren Gestalt hätten sehen können, daß sie eben durch diesen Fall das, was sie einstmals *hatten,* das Lesen im Buche der Natur, *verlernt* haben. *Daher* habe Gott sich ihrer erbarmt und die Bibel, oder das «Buch der Offenbarung», gegeben: «Also Raimundus von Sabunda hat noch im 15. Jahrhundert gelehrt: Das *Buch der Offenbarung* ist da für den sündigen Menschen, weil der nicht versteht, in dem Buche der Natur zu lesen; aber er hat es so gelehrt, daß er schon gedacht hat: Die Menschen müssen wieder die Möglichkeit finden, in dem *Buche der Natur* zu lesen.» Und dann hob Rudolf Steiner auch hier wieder besonders hervor, daß eben dies der Impuls sei, der in dieser Zeit unserer unmittelbaren Gegenwart ergriffen werden muß: «das große Buch der Natur wiederum aufzuschlagen, ... wiederum in dem Buche der Natur geistig zu lesen, die geistigen Hintergründe der Natur zu finden, nachdem Gott die Offenbarung für die Zwischenzeit gegeben hat.»[9]

Und als er dann ausführte, daß es sich von Anfang an darum gehandelt habe, die anthroposophische Bewegung, die ja damals schon eins geworden war mit der Anthroposophischen Gesellschaft, in dem Sinne zu führen, daß das Lesen im Buche der Natur wieder gelernt werden könne, da brauchte er ein merkwürdiges Wort. «Vom Anfang an», so sagte er, «hatte die anthroposophische Bewegung dieses *Schibboleth*.»[9]

Man hört oder liest heute leicht über ein solches Wort hinweg. Aber wenn man weiß, wie genau Rudolf Steiner im Formulieren war, so wird man immer durch die nähere Untersuchung eines solchen besonderen Ausdrucks auch besonders aufschlußreiche Hinweise erfahren. Wenn man zunächst etwa in irgendeinem Wörterbuch nachschlägt, so wird man meistens nur finden, daß das Wort Schibboleth *Losungswort* oder *Erkennungszeichen* bedeute. Aber es heißt in der Übersetzung ganz anders, nämlich: *Kornähre*. Es ist nur einmal bei einer besonderen Gelegenheit als Erkennungszeichen verwendet worden. Das wird berichtet im 12. Kapitel des ‹Buches der Richter› im Alten Testament.

In diesem ‹Buche der Richter› wird uns ja zunächst geschildert, wie die Kinder Israel die *ihnen* damals gestellte zentrale Aufgabe der *damaligen* Zeit, die Anerkenntnis und Verehrung des *einen* Gottes, nicht ergreifen, und wie sie daher immer wieder geschlagen und in die Hände ihrer Feinde gegeben werden. Dann weckte der Herr *Richter* auf, denen das Volk wohl folgte, solange sie lebten, um danach wiederum ärger abzufallen, als ihre Väter getan hatten.

Bis schließlich im 10. Kapitel berichtet wird, wie die Kinder Israel, in die Hände der Ammoniter gegeben, wieder zum Herrn schreien aus der Not, und wie nun die Hilfe versagt wird. Wieder und wieder sind sie abgefallen, und wieder und wieder hat sie der Herr errettet. «Und doch» – so spricht er nun – «habt ihr mich verlassen und andern Göttern gedient; *darum will ich euch nicht mehr helfen.* Geht hin und schreit die Götter an, die ihr erwählt habt und laßt *die* euch helfen zur Zeit eurer Trübsal!»

Aber gerade jetzt zeigt sich das Volk als reif. «Aber die Kinder Israel sprachen zu dem Herrn: Wir haben gesündigt: mache es nur du mit uns, wie dir's gefällt: allein errette uns aus dieser Zeit. Und sie taten von sich die fremden Götter, und dienten dem Herrn. Und es jammerte ihn, daß Israel so geplagt ward.»

Und nun erst wird Jephthah zum Richter erweckt, indem der Geist des Herrn auf ihn kommt, wie es heißt. Jephthah zieht nach Osten gegen die Ammoniter aus und schlägt sie vernichtend. Und dann wendet er sich mit allen Männern in Gilead, wie es geschildert wird, gegen die von Ephraim, die sich im Westen gegen ihn erheben, und schlägt auch sie.

An dieser Stelle, im 12. Kapitel des Buchs der Richter,

heißt es nun: «Und die Gileaditer nahmen ein die Furten des Jordans vor Ephraim. Wenn nun sprachen die Flüchtigen Ephraims: *Laß mich hinübergehen,* so sprachen die Männer von Gilead zu ihm: Bist du ein Ephraimiter? Wenn er dann antwortete: Nein, hießen sie ihn sprechen: *Schibboleth;* so sprach er *S*ibboleth und konnte es nicht recht reden; alsdann griffen sie ihn, und schlugen ihn *an den Furten des Jordans,* daß zu der Zeit von Ephraim fielen zwei und vierzigtausend.»

Jetzt, wo das Volk *reif* ist, da wählt es das Losungswort: Schibboleth, das heißt: Kornähre, und an der Art, wie es ausgesprochen wird, zeigt sich, wer rechtmäßig *die Grenze überschreiten* darf. Die Ephraimiten stehen schon an den Furten; und dennoch: *an* den Furten werden sie erschlagen.

Das ist das vollgültige Bild für die Situation, in der wir heute stehen, auf das Rudolf Steiner deutete, als er sagte, das Lesen-Lernen im Buche der Natur sei von Anfang an das Schibboleth der anthroposophischen Bewegung gewesen. Es ist ein *gefährliches* Losungswort, und die Art wie wir es aussprechen, ist in Wahrheit entscheidend für Leben und Tod.

Erlauben Sie mir nun zunächst, an Hand von zwei konkreten Beispielen die beiden Richtungen zu charakterisieren, von denen her eine richtige Auffassung und Aussprache dieses Losungswortes vom Lesen im Buch der Natur heute verhindert wird.

Von Dr. Hermann *Rauschning,* 1887 in Thorn geboren, der heute als einer der namhaftesten Kulturkritiker in Amerika lebt, ist ein sehr lesenswerter Aufsatz erschienen unter dem Titel ‹Der Nihilismus des 20. Jahrhunderts und seine Überwindung›.[10] Darin wird in sehr eindringlicher Weise dargestellt, in welchem entscheidenden Sinne der Mensch heute *«an der Grenze»* steht. Am tiefsten sieht er die Situation des Menschen dadurch charakterisiert, daß er keine wirklichen Fragen mehr hat, daß ihm alle Fragen «nach einem Sinn des Lebens, nach Wert und Unwert verächtlich geworden» sind. Das Fragen, das Suchen nach dem wahrhaft Wirklichen aber «gehört zum innersten und eigentlichen Wesen des Menschen, wie sein aufrechter Gang». Gibt er es auf, so gibt er sich selbst auf. «Der Mensch steht, biblisch gesprochen, vor einem *neuen* Sündenfall» – so schreibt er –, «einem noch tieferen Abfall von Gott; er steht vor dem Verlust seines Wesens ... Er steht vor dem Abfall in den geschichtslosen, schicksallosen Dauerzustand einer Ordnung, vergleichbar vielleicht dem der staatenbildenden Insekten. Der Mensch steht vor seinem Ende als Mensch.»

Dieser Situation aber steht nach der weiteren Darstellung Rauschnings der Mensch vollkommen ohnmächtig und hilflos gegenüber. Eine bloß theoretische Überwindung des Nihilismus ist völlig unzureichend. Und dann steht *plötzlich* die Behauptung da: «Der Nihilismus kann nur vom *Glauben*, im Glauben überwunden werden!», eine Behauptung, die zwar durch die folgenden Ausführungen Rauschnings selbst widerlegt, aber nicht zurückgenommen wird.

Im folgenden nämlich wird hervorgehoben, daß dem modernen Menschen die Wahrheit des Glaubens erst wieder zugänglich werden kann, wenn er wieder beginnt, zu *fragen*. Wie aber «kann der moderne Mensch, der in dem gnadenlosen Zustand ist, nicht mehr fragen zu können, dazu gebracht werden, überhaupt wieder zu fragen?» Dazu bedarf es nach Rauschning eines tiefen Eingreifens, «einer Erschütterung des Wesens, die nicht äußerlich, die *überhaupt nicht von*

Menschen herbeigeführt werden kann». Und dann heißt es – und damit wird eben dieses Beispiel für unseren Zweck kennzeichnend:

«Aber der moderne Mensch, der wirkliche Nihilist ist gerade dadurch gebrandmarkt, daß er selbst durch das, was man die Grenzsituationen des Lebens nennt, Tod, Krankheit, Leid, persönliches Scheitern, *nicht* mehr erschütterbar ist. Solcher Sorge gegenüber kann man sich nur damit bescheiden, daß das, was Menschen unmöglich ist, *Gott* vermag. Nur der Ruf Gottes kann solche Menschen in äußerster Verlorenheit erreichen.»

Meine sehr verehrten Anwesenden, das heißt doch wohl, daß der Nihilismus eben *nicht* durch den Glauben überwunden werden kann, sondern nur durch Gott selbst, denn sonst müßte man behaupten wollen, der Glaube sei Gott. Aber gerade wenn er durch Gott überwunden würde, so wie Rauschning hier davon spricht, so müßte ja dann der Mensch die unmittelbare *Erfahrung* des Anrufes durch Gott machen, und da er ihn *als solchen erkennen* müßte, hätte er ein *Wissen,* nicht nur den Glauben, sondern eine *gegenwärtige Offenbarung,* die nur als geistige *Erfahrung* aufgenommen werden kann.

Das aber ist das Entscheidende, auf das es uns hier vor allem ankommen muß: daß selbst hier, wo wirklich einmal die Mysteriensituation der gegenwärtigen Menschheit, das Stehen an der Schwelle, mit ehrlichem Ernste ins Auge gefaßt wird, daß selbst hier, wo der Schlüssel, der den Weg zur Erneuerung aufschließen könnte, schon in der Hand gehalten wird, dieser Schlüssel nicht als das erkannt wird, was er ist. Er wird fortgeworfen, und ein anderer soll es leisten: der

Glaube. Ich habe es schon gesagt: obgleich ausgesprochen wird, daß nur die unmittelbare *Erfahrung* einer wahren geistigen Wirklichkeit aus dem Nihilismus herausführen kann, wird die Behauptung stehengelassen, daß der Nihilismus nur vom Glauben überwunden werden kann. *Das* ist das Entscheidende. Rauschning weiß, daß es Schibboleth heißen muß – aber er sagt: Sibboleth.

Gehen wir nun zu dem zweiten Beispiel über. Der französische Physiker Louis *de Broglie* hat seiner Überzeugung Ausdruck gegeben, daß die moderne Physik an der Arbeit sei, das Buch der Natur zu entziffern. In seinem Werke ‹Licht und Materie› sagt er z. B.: «Jedes Mal, wenn es dem menschlichen Geist um den Preis großer Bemühungen gelungen war, eine Seite des *Buches der Natur* zu entziffern, hat sich sofort gezeigt, wieviel schwieriger erst die Entzifferung der folgenden Seite sein würde.»[11] Nebenbei bemerkt könnte man sich darüber wundern, was das für eine merkwürdige Methode des Lesens sein muß, die, je länger sie angewandt wird, das Buch umso unverständlicher erscheinen läßt! Nachdem nun de Broglie in seinem Werk das vorliegende Tatsachenmaterial der physikalischen Forschungen, die insbesondere das Licht betreffen, untersucht hat, kommt er zum Schluß des Hauptteiles seines Werks auf den Gegenstand des Kampfes Goethes gegen Newton, den jener in seiner Farbenlehre geführt hat, zu sprechen und sagt:

«Und jetzt können wir zum Schluß auf folgende Frage antworten: ‹*Existieren* die Farben im weißen Licht vor der Zerlegung, d. h. vor dem Durchgang durch das Prisma?› *Ja*, werden wir sagen, *sie existieren* ..., aber nur, wie eine *Möglichkeit existiert* vor dem Ereignis, das uns erkennen läßt, ob *sich* die Möglichkeit tatsächlich verwirklicht. Die Antwort ist *sehr spitzfindig*» – so sagt er selbst –, «und sie hätte die Physiker *von gestern* zweifellos in Erstaunen gesetzt. Sie ist aber sehr *charakteristisch* für den *Grad von Verfeinerung und Abstraktion,* zu dem das Denken der heutigen Physiker gelangt ist.»

Ja, das muß man wohl zugeben, aber was ist denn damit eigentlich gesagt? Ich frage Sie, haben Sie schon einmal erfahren oder können Sie sich das auch nur denken, daß im Bereiche der Physik eine Möglichkeit *sich* verwirklicht? Eine Möglichkeit, die schon eine Wirklichkeit ist, *bevor* sie sich verwirklicht? Denn so sollen ja die Farben nach de Broglie im Licht existieren: «wie eine Möglichkeit *existiert* vor dem Ereignis, das uns erkennen läßt, ob *sich* die Möglichkeit tatsächlich verwirklicht»! Wenn ich ein Stück Kreide in der Hand halte, so besteht allerdings die Möglichkeit, daß sie herunterfällt, aber diese Möglichkeit verwirklicht *sich* niemals, sondern *ich* verwirkliche sie, wenn ich sie fallen lasse. Wenn man von ‹sich› spricht, dann muß man auch von ‹ich› sprechen, von etwas Ichhaftem, von Wesenhaftem. Das gibt es aber nicht im Reiche dieser Physik! Es ist schon wirklich ein hoher Grad von Abstraktion, der hier aufgewendet worden ist, um dem Anerkenntnis, zu dem die Tatsachen der Forschung selbst drängen, zu entkommen: daß es so *ist,* wie *Goethe* es dargestellt hat, daß die Farben zwar im Lichte ideell veranlagt sind, aber nur *entstehen* durch Taten und Leiden des Lichtes, das sein *Wesen* eben *in* diesen Taten und Leiden zum Ausdruck bringt. Und darauf käme es eben an, wenn man auf diesem Felde an die Natur als an ein Buch herantreten will, diese Wesensschilderungen des Lichtes selber lesen zu lernen, wozu bei Goethe der Ansatz gemacht ist in dem Kapitel über die sinnlich-sittliche Wirkung der Farben.

Aber man sieht, es ist genau die gleiche Situation wie bei Rauschning: De Broglie wird geheißen, Schibboleth zu sagen, die Forschungsergebnisse selbst heißen es ihn, aber er sagt Sibboleth. Und doch ist es ein Ausweichen nach der entgegengesetzten Seite: *dort* wird das Prinzip der Erfahrung aufgegeben zugunsten des Glaubens an eine höhere Geistwirklichkeit – *hier* wird die in den Tatsachen selbst sich aussprechende *Geistwirklichkeit* verleugnet, um das Prinzip der Erfahrung im bloß sinnlichen Bereich festhalten zu können. *Das* ist in Wahrheit der Wind, der heute von Osten und Westen weht, und es ist schon so, wie Rudolf Steiner es in einem Vortrage schon 1919, also heute vor 33 Jahren, ausgesprochen hat: «Heute stehen die Dinge so, daß zwischen rechts und links, wie auf der scharfen Schneide eines Rasiermessers, der Weg geht, der zum Heile der Menschen in die Zukunft führen wird.»[12]

Dieser Weg aber ist der, der sich durch das Streben nach der *Verknüpfung* der Erfahrung mit der Idee eröffnet, dieser Weg ist der des Lesenlernens im Buche der Natur, wie er uns durch Rudolf Steiner gewiesen ist und von dem schon in der Zeit des Deutschen Idealismus so deutliche Kunde umgegangen ist, wie wir sie z. B. vernehmen aus den Worten des deutschen Philosophen *Eschenmayer,* die er im Jahre 1816 geschrieben hat: «Die Menschheit befindet sich in der Mitte eines Irrgartens. In jedem Jahrhundert kommt sie von einem neuen Irrgang gewarnt zurück, um ihn nie wieder zu betreten, zuletzt aber wird sie den Ausweg finden und dies ist dann *die Verknüpfung der Erfahrung mit der Idee.*»[13]

In seinem Buche ‹Grundlinien einer Erkenntnistheorie der Goetheschen Weltanschauung› hat Rudolf Steiner mit exaktestem Zugriff gezeigt, wie diese Verknüpfung vollzogen werden kann. Hier ist der Schlüssel zur Erneuerung des geistigen Strebens, nachdem Goethe aus der Genialität seiner Natur ihn bereits *gehandhabt* hatte, als solcher *erkannt* und als solcher aufgenommen. Gekennzeichnet ist er vor allem in den folgenden beiden Sätzen, die in dem Buche selbst ihre Begründung erfahren:

1. «Im *Denken* ist dasjenige, was wir bei der übrigen Erfahrung suchen, selbst *unmittelbare Erfahrung* geworden.»

und

2. «Da wir nur im Denken eine wirkliche Gesetzmäßigkeit, eine ideelle Bestimmtheit *erfahren,* so muß die Gesetzmäßigkeit der *übrigen* Welt, die wir nicht an dieser selbst erfahren, auch *schon im* Denken eingeschlossen liegen.»[14]

Daher ist der Weg zur Entwicklung dessen, was im Denken verborgen eingeschlossen liegt, der Weg zur Ausbildung höherer Erkenntnisfähigkeiten, und dieser Weg ist zugleich derjenige, der zur Fähigkeit des Lesens im Buche der Natur führt.

Wir haben zu Beginn gesagt, daß wir unter dem Lesenlernen im Buche der Natur verstehen, zu lernen, uns der Natur gegenüber lesend zu verhalten, um allererst zu *suchen,* was die Natur ist. Das kann nur einen Sinn haben, wenn wir das Wort lesen allerdings im *üblichen* Sinne gebrauchen. Mit dem, was wir hier *Lesen* nennen, müssen wir auch das Lesen *meinen,* das heißt, dasjenige, was wir tun, wenn wir ein von Menschen geschriebenes *Buch* lesen. Das heißt, wir gehen aus von etwas, was wir können, wenigstens bis zu einem gewissen Grade noch können. Was wir *können,* sage ich: das heißt aber nicht ohne weiteres, daß wir auch wissen, *wie* wir das ausführen, was wir tun können. Wir sind im allgemeinen davon überzeugt, daß wir, indem wir ein Buch lesen, seinen Inhalt aufnehmen. Aber wenn wir anfangen, zu beobachten, was wir tun, wenn wir lesen, so erweist sich sehr bald, daß wir dabei *gar nichts* aufnehmen, sondern daß das Lesen in einem *innerlichen Nachsprechen* dessen besteht, *was* wir lesen, und daß wir nur verstehen, was wir lesen, wenn *wir* eben durch das Nachsprechen den Zusammenhang des Nachgesprochenen *im Denken herstellen.* Wie liest man denn nur einen einzigen Satz? Was durch ihn gesagt ist, ist durch den *ganzen* Satz gesagt. Ich lese aber in der Zeit ein Wort nach dem anderen. Will ich einen Satz verstehen, so muß ich wissen, wo er anfängt und wo er aufhört. Außerdem muß ich alles, was ich vom Beginn des Satzes an gelesen habe, bei jedem folgenden Wort gegenwärtig haben, und so fort, bis zum Ende des Satzes. Ein Wort müßte sich gleichsam über das andere darüberschieben, da ich ja jedes Wort im Fortgange des Lesens mitnehmen müßte. Aber dann hätte ich doch am Ende nur ein undurchsichtiges Knäuel von Worten. Die Reihenfolge muß mir also auch deutlich bleiben. Die Einsicht in den Zusammenhang der Worte geht mir jedoch *blitzartig* auf; aber erst, nachdem ich den Satz zuende gelesen habe, gleichsam dann, wenn ich den Punkt ins Auge fasse, mit dem der Satz abgeschlossen ist. Und doch habe ich in diesem Moment alle gelesenen Wörter irgendwie gegenwärtig, denn sonst wüßte ich ja nicht einmal, daß es dieser Satz ist, den ich verstehe.

Das ist zwar nur eine kleine Probe von den Schwierigkeiten, die sich da für die Beobachtung ergeben, aber man sieht jedenfalls, daß wir beim Herstellen dieser Zusammenhänge ungeheuer aktiv sein müssen und daß unsere Tätigkeit eine überaus komplizierte ist, die wir tatsächlich immer beim Lesen durchführen, aber ohne daß diese Tätigkeit als solche für gewöhnlich vom Bewußtsein begleitet wird. Wir *sehen* die Buchstaben und wir *verstehen* den Sinn. Was dazwischen liegt, entfällt dem gewöhnlichen Bewußtsein, es ist in Wahrheit Mysteriengeheimnis.

Wer aber auf diesem Gebiete, sich immerfort schulend an der Erarbeitung der ‹Philosophie der Freiheit› Rudolf Steiners, nach «seelischen Beobachtungsresultaten nach naturwissenschaftlicher Methode»[15] strebt, der kann dazu gelangen, etwas zu erleben, was man vielleicht nennen kann: ein innerlich ordnendes Auftauchen der zehn Kategorien des Aristoteles.[16] Sie sind ja gewöhnlich nur den Namen nach als diese so trockenen, allgemeinen Begriffe bekannt: Sein, Zeit, Verhalten, Qualität, Beziehung, Raum, Lage, Quantität, Tun, Leiden. Diese zehn allgemeinen Begriffe, über deren wahre Bedeutung man ja in äußerer Weise nicht einmal aus den Schriften des Aristoteles selbst etwas erfahren kann, beginnen sich innerlich eigentümlich zu beleben und der Beobachtende *ahnt,* daß er sie, ohne es indessen zu *wissen,* im Lesen und im Denken immer schon handhabt, sie werden ihm wie Leitsterne der seelischen Beobachtung.

Und er wird weiter bemerken können, daß sie ihm besonders deutlich leuchten, wenn er das 9. Kapitel der ‹Philosophie der Freiheit› liest, überschrieben ‹Die Idee der Freiheit›, wo dargestellt ist, wie an *der Grenze* der Leibesorganisation, im Zusammenwirken von Denken und zurückweichender Lei-

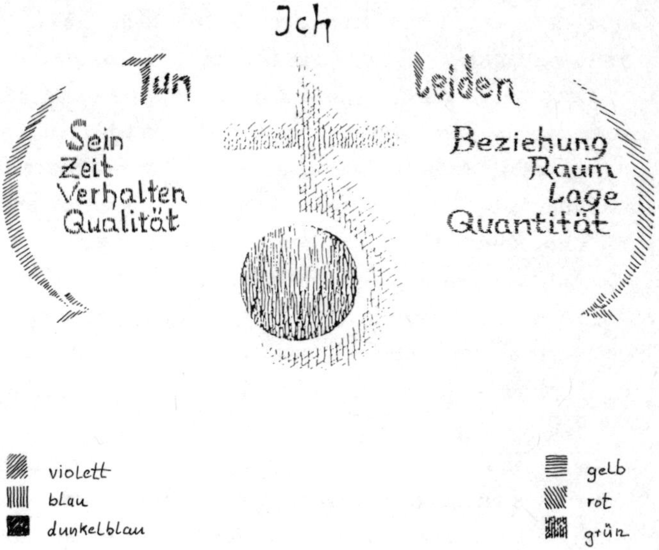

Ich
Tun
Leiden
Sein
Zeit
Verhalten
Qualität
Beziehung
Raum
Lage
Quantität
violett
blau
dunkelblau
gelb
rot
grün

besorganisation, im *Tun und Leiden,* das Ich-Bewußtsein entsteht, und wie es zu einem Willensakt durch das *Zusammentreffen* von Vorstellung und charakterologischer Anlage kommt. (Wiederum ein Begegnen an einer Grenze).

Wenn er dann weiter berücksichtigt, daß Goethe, wie er einmal sagt, seine Farbenlehre dem Apercu, dem Gewahrwerden verdankt, «daß eine *Grenze* notwendig sei, um *Farben* hervorzubringen»[17], und daß er diese Grenze da erkannte, wo die *Taten und Leiden,* das Tun und Leiden des Lichtes die Farben entstehen lassen, so wird er den inneren Zusammenhang zwischen der Goetheschen Farbenlehre und der ‹Philosophie der Freiheit› Rudolf Steiners gewahr werden. Er wird einsehen, daß es sich beim Beobachten des Denkens, das ja immer auch ein Lesen ist, um die *gleiche Methode* handelt wie bei der lesenden Beobachtung der Natur und daß diese Methode in der richtigen Handhabung der Aristotelischen Kategorien besteht.

Schon in der Einleitung der von ihm herausgegebenen Naturwissenschaftlichen Schriften Goethes hat Rudolf Steiner einmal den Bau der Goetheschen Farbenlehre «seinem inneren Gefüge nach»[18] zu kennzeichnen unternommen, und dabei tritt nichts anderes zu Tage, als das Gefüge der Kategorien des Aristoteles! Und in den Vorträgen über ‹Die Bhagavad Gita und die Paulusbriefe› hat Rudolf Steiner ja selbst die Verbindungslinie von der Farbenlehre Goethes zu Aristoteles gezogen.[19]

Wenn man auf diese Zusammenhänge wirklich eingeht, so wird man verstehen, warum Rudolf Steiner in jenem Vortrage vom 1. August 1924, den wir schon angeführt haben, nun auch unmittelbar die Aristotelischen Kategorien in Zusammenhang mit dem Lesen im Buch der Natur bringt, warum er da auf Raimundus von Sabunda hinweist, der daran erinnerte, daß, so «wie einstmals im Sephirot-Baum, in den aristotelischen Kategorien ... enthalten *ist* dasjenige, was durch die Intelligenz hinaufführen soll in die geistige Welt». – Diese zehn Kategorien, so sagt Rudolf Steiner dort, «sind *die geistigen Buchstaben*. Wer sie richtig zu handhaben weiß, ... der ahnt noch etwas von dem, was Aristoteles über diese Dinge zum Beispiel in der Unterweisung des Alexander gesagt hat.»[20]

Von dieser Unterweisung des Alexander, von der Rudolf Steiner hier spricht, kann man aber in äußerer Weise ebensowenig etwas erfahren, wie über die wahre Bedeutung der Kategorien selbst. Diese Unterweisung war eine mündliche, man nannte solche Lehren, die nur mündlich einem engsten Schülerkreis zugänglich waren, die akroamatischen und epoptischen. *Plutarch* hat uns einen Brief überliefert, den Alexander von seinem Feldzuge in Asien aus an Aristoteles gerichtet hat, weil er vernommen hatte, daß dieser eben über jene geheimen Wissenschaften einige Bücher herausgegeben hätte. Dieser Brief lautet: «Alexander entbietet dem Aristoteles seinen Gruß! Du hast nicht wohlgetan, daß du die akroamatische Wissenschaft bekannt gemacht hast. Denn worin werden wir uns nun vor andern unterscheiden, wenn die Lehren, die uns mitgeteilt sind, allen gemeinsam sein werden? Ich für meine Person wollte mich lieber durch Kenntnis der erhabensten Wissenschaften als durch Macht vor andern auszeichnen. Lebe wohl.» Plutarch schreibt, Aristoteles habe zur Beruhigung dieser Ehrbegierde und zugleich zu seiner Rechtfertigung darauf geantwortet, «daß diese Wissenschaften *bekannt und auch nicht bekannt* gemacht wären». Und dann fügt Plutarch, von dem Rudolf Steiner einmal sagt, daß er selber ein Eingeweihter war, die Worte hinzu: «In der Tat enthält auch sein Werk über die Metaphysik weder zum Unterricht noch zum Lernen etwas Brauchbares und ist eigentlich *nur für die Eingeweihten zur Rückerinnerung geschrieben* worden.»[21]

Damit hoffe ich, gezeigt zu haben, daß *für uns* das *lesende Beobachten des Denkens* im Sinne der ‹Philosophie der Freiheit› den *Ausgangspunkt für das Lesenlernen im Buche der Natur bilden muß.*

Wir haben gesagt, daß, wenn wir ein Buch lesen, wir nichts aus dem Buche aufnehmen, sondern daß wir im Grunde nur das verstehen, was *wir* im Lesen noch einmal nachsprechen, und daß wir nur die Zusammenhänge einsehen, die *wir* selber herstellen. Diese Zusammenhänge aber werden nun *stufenförmig* hergestellt. Denn wir stellen ja erstens die Zusammenhänge zwischen den einzelnen Buchstaben her, um ein *Wort* zu verstehen, zweitens zwischen den einzelnen Wörtern, um einen *Satz* zu verstehen, drittens zwischen den einzelnen Sätzen, um ein *Kapitel* zu verstehen, und viertens zwischen den einzelnen Kapiteln, um das Buch zu verstehen, das heißt, dasjenige, was der Autor durch das *ganze* Buch zum Ausdruck bringen wollte. Wenn ich aber das ganze Buch nicht selbst hervorbringe, indem ich alles, was darin gesagt ist, noch einmal sage, so kann ich es nicht verstehen. Ich verstehe also auch nicht, was der *Autor* gesagt hat, sondern was *ich* gesagt habe. Aber erst, wenn das, was *ich* sage, wirklich *dasselbe* ist, wie das, was der Autor gesagt hat, dann verstehe ich den Autor. Ich *verstehe* ihn, das heißt, ich habe mit ihm den Standpunkt getauscht, ich bin in ihn untergetaucht, mit ihm eins geworden. Ich muß also im Nachbilden wahrhaft *selbst zum Autor desselben Buches werden, das ich lese,* um den Autor ‹verstehen› zu können, weil ich erst dann wahrhaft in der eigenen Seele *erfahre,* was er *gemeint* hat.[22] Und so hat auch Goethe über seine Farbenlehre einmal dem Kanzler von Müller gegenüber geäußert: «Es kommt nicht darauf an, jene Lehre durch Überlieferung zu lernen, man muß sie selbst *machen.*»[23]

Ja, damit ist noch mehr gesagt: wenn ich auch den Autor verstehe, so ist das Streben meiner inneren Tätigkeit noch nicht befriedigt, wenn ich ihn nicht als ‹bedeutend› gewahr werde. Ich meine das wörtlich: ‹bedeutend› – das heißt hindeutend auf eine höhere Wirklichkeit, die durch dieses Hindeuten für mich im Geiste *erfahrbar* wird, wenn ich den Autor verstehe, wie sie es für ihn auch war. Ich will erfahren, *wovon* er spricht, nicht nur, wie *er* sich darüber ausspricht.

So aber, wie Goethe begonnen hat, in dem Buche der Natur zu lesen, deutet er in seinem Werk nicht nur auf das *Buch* der Natur, sondern auf den Autor dieses Buches, als auf ein göttliches Wesen, hin. Auch was Goethe sagt, ist nicht bedeutend, *weil Goethe* es gesagt hat, sondern insofern Goethe eine Wahrheit sagt, die in jedem Menschen verborgen wohnt. Aber darin, wie er sie sagt, darin spricht sich die Besonderheit der Persönlichkeit, die wir Goethe nennen, aus, die wir verehren. Daher ist der Ort, an dem wir den Goethe *in uns* erwecken, zugleich in Wahrheit erst der Ort, wo wir dem Menschheitsrepräsentanten begegnen. –

Wenn wir uns nun einigen, dasjenige Lesen, das wir tun, *ohne* ein Bewußtsein von dem zu haben, was wir dabei tun, das *einfließenlassende* Lesen zu nennen und zu sagen, daß erst dann nichts mehr in uns einfließt, wenn wir die Tätigkeiten, die wir beim Lesen ausführen, *bewußt* ausführen, so können wir aussprechen, daß sich beobachten läßt, daß in unserer Zeit das *einfließen lassende* Lesen degeneriert, und daß mit dem Üben des *bewußt nachschaffenden* Lesens begonnen werden muß. Es ist schon eine große Seltenheit, wenn man heute jemand findet, der noch so lesen kann, daß, was er liest, ihm wirklich in die Seele dringt.

So aber suchte noch *Paracelsus* in intimem Verwobensein mit der Natur *in* die Natur, die er ‹sein Buch› nannte, einzudringen, so nämlich, daß er strebte, ihre Wirkungen unmittelbar in seine Seele aufzunehmen, in sich einfließen zu lassen. Er nahm auf, was sie ihm gab, durch Augen und Ohren und alle Sinne; auch alles, was ihm zukam durch die Bauern und Schäfer und alle, die in den verschiedenen Ländern, die er bereiste, selbst wieder mit der Natur innig verbunden waren, und konnte so zu hohen Fähigkeiten gelangen, in denen *die Natur selber aus ihm* sprach.

«Der sie (die Natur) durchforschen will», so sagt er in einer seiner ‹Defensionen›, «der muß mit Füßen ihre Bücher treten. Die Geschrifft wird erforschet durch die Buchstaben, die Natur aber durch Land zu Land; als offt ein Land, als offt ein Blat. Also ist *Codex Naturae,* also muß man ihre Blätter umbkehren.»[24] Das, was aus der Natur sprach, sagt Rudolf Steiner einmal, ging Paracelsus in seiner Seele auf wie in einem Spiegel, bei ihm «reichten gleichsam die Fühlfäden *unmittelbar* hinaus in die Natur».[25] – So hat sein Menschsein auch noch *Giordano Bruno* erlebt, als er die Worte sprach, in denen er sich selbst als Mensch als einen Berg anspricht:

«Hält die Erde, mein Berg,
auch deine Wurzeln umschlossen,
ragt doch dein Scheitel hoch
zu den Gestirnen empor.»[26]

Aber es war die Zeit, in der die kopernikanische Weltanschauung sich auszubreiten begann, wodurch die Wurzeln des Berges gleichsam abgeschnitten wurden, wodurch dem bewußten Menschen im Ringen um seine Freiheit der Boden unter den Füßen weggezogen wurde. Die *Kluft* zwischen Mensch und Natur beginnt aufzureißen, von der es in der ‹Philosophie der Freiheit› heißt:

«So wahr es ist, daß wir uns der Natur entfremdet haben, so wahr ist es, daß wir *fühlen*: wir sind in ihr und gehören zu ihr. Es kann nur ihr eigenes Wirken sein, das auch in uns lebt.

Wir müssen den Weg zu ihr zurück wieder finden ... Wir *haben* uns zwar losgerissen von der Natur; aber wir müssen doch etwas mit herüber genommen haben in unser eigenes Wesen. Dieses Natur*wesen in uns* müssen wir aufsuchen, dann werden wir den Zusammenhang wieder finden ...

Wir wollen aber hinuntersteigen in die Tiefen unseres eigenen Wesens, um da jene Elemente zu finden, die wir herübergerettet haben bei unserer Flucht aus der Natur.

Die Erforschung unseres Wesens muß uns die Lösung des Rätsels bringen. Wir müssen an einen Punkt kommen, wo wir uns sagen können: Hier sind wir nicht mehr bloß ‹Ich›, hier liegt etwas, was mehr als ‹Ich› ist.»[27]

Damit ist aber zugleich der Weg zum Lesen im Buch der Natur, der für den modernen Menschen möglich und allein möglich ist, erschlossen.

Erlauben Sie mir, daß ich Ihnen an dieser Stelle noch einmal ein Wort von *Eschenmayer* anführe, das uns zeigt, daß er eben diesen Weg geahnt hat, als er von dem Ausweg aus dem großen Irrgarten sprach, dem Ausweg, der durch die Verknüpfung der Erfahrung mit der Idee eröffnet werden würde.

«Versucht es», so schrieb er im Jahre 1816, «das *Gesetz des Selbst-Bewußtseins in der Erscheinungswelt aufzufinden*, und zu sehen, ob das, was *in euch* ideale Gleichung und Proportion ist, nicht in der Außenwelt unter dem unendlichmannigfaltigen Spiel der Erscheinungen verborgen liege. Wäre dies der Fall, so ... wäre das schöne Resultat gewonnen, daß der *unsichtbare Meister*, welcher der Seele die Idee der Wahrheit einhauchte, zugleich den menschlichen Verstand zum Prototyp des ganzen Naturmechanismus setzte, so daß das, was in unserem Verstande allgemeine Gleichung und formale Einheit ist, in der Natur in unendlich viele einzelne Proportionen und materiale Verhältnisse zersplittert wurde. *Das innere Gesetz hat bloß ein Kleid angezogen und erscheint jetzt in Farbe und Ton, in Licht und Schwere, in Geschwindigkeit und Masse, in Raum und Zeit, usw. in tausendfältigen Reflexen.* Alle Naturerkenntnis wäre alsdann nichts anderes als eine Konstruktion unserer selbst am Vehikel der Erscheinungen, und alles Lernen wäre, wie Plato sagt, ein Wiedererinnern unserer eingeborenen Gesetze.»[28]

Und so hat Goethe in seinem Faust einen Menschen vor uns hingestellt, der, von der Natur getrennt, im Innern den Geist in sich auferweckt, um am Ende unmittelbar an das zu gelangen, was als Geistiges Mensch und Natur durchzieht. Goethe hat im Faust den Typus des Menschen einer neuen

Zeit gezeigt, der Zeit, in welcher, mit den Worten Rudolf Steiners: «... gearbeitet werden muß mit den verborgenen Kräften der Seele, so daß aus den Tiefen der Seele heraus *höhere Himmelskräfte* erwachsen.»[29]

Diese höheren Himmelskräfte können entfaltet werden in der Entwicklung der Fähigkeiten der Imagination, Inspiration und Intuition, wie sie die Geisteswissenschaft lehrt; sie sind nichts anderes als die im Licht des Bewußtseins auferweckten und vom Menschen selbst bewußt geübten und vertieften Fähigkeiten, die im Unterbewußten immer schon verborgen tätig sind, *wenn* wir *lesen*; sie sind es, die es bewußt zu schulen gilt am Lesenlernen im Buch der Natur, und sie sind es auch, die, *wenn* sie geübt und immer mehr vertieft werden, zu einem immer tiefer dringenden *Verstehen* des Buches der Natur führen, in der doppelseitigen Befruchtung des Strebens, von dem *Schiller* spricht in den Worten:

«Wahrheit suchen wir beide, du außen im Leben, ich innen in dem Herzen, und so findet sie jeder gewiß. Ist das Auge gesund, so begegnet es außen dem Schöpfer, ist es das Herz, dann gewiß spiegelt es innen die Welt.»[30]

Verstehen wir das, so können wir heute wissen:

Ja, der Mensch *ist* ein Berg, und die Regionen, in denen er mit seinem heutigen Bewußtsein weilt, die Regionen des reinen, abstrakten Denkens, es sind die Regionen des eisigen, schneebedeckten Gipfels. Eben durch das Aufsteigen dahin ist er in Wahrheit der ‹Anthropos›, der vor den Gipfeln stehende. Aber die Berge sind Throne der Götter, wie im Himalaya-Gebirge noch heute der Mount Everest den Namen ‹Thron der Götter› trägt. Hier muß er den Göttern selbst begegnen, und doch *kann* er nur jeweils, wie wir gesehen haben, einem Wesen in Wahrheit *erfahrend* begegnen, zu dem *er selber herangereift* ist. Damit aber steht der Mensch nicht vor dem Verlust seines Wesens, sondern vor dem Aufgeben seiner Wesenlosigkeit, zugleich aber vor der Geburt eines göttlichen Wesens in ihm selber, auf daß er mit segenspendender Hand, als ein wahrhaft *schöpferischer* Mensch, in die Täler zurückkehren könne. Der persische Dichter Dschelaleddin *Rumi* hat es im 13. Jahrhundert so ausgedrückt:[31]

«Glaube ist Lampe in Weltennacht.
Sie zeuget vom Urlicht bei Dunkelheit Macht,
Jedoch sie verlischt, wenn die Sonne erwacht –
Du Künderin zuckst vor dem Morgenrot?
Feindin Urfinsternis und du, gebt acht:
Glaube darf sterben, wenn Geistlicht entfacht.

Ich bin der Osten, geh mir auf, du Sonne,
Aus meinem Dunste steige, du Klarheit.
Ich bin die Nacht, du sei mir Sternenkrone.
Ich schaudre vor mir selber. Leuchte du,
Wahrheit.»

Maß und Zahl – Der Mensch, das Maß aller Dinge

Es gibt Worte, die eine geheimnisvolle Kraft in sich bergen, eine Kraft, die imstande ist, sich durch Jahrhunderte, ja durch Jahrtausende hindurch immer wieder neu als wirksam zu erweisen, Worte, an denen aber auch etwas von dieser Kraft sogleich spürbar wird, wenn man sie nur ausspricht. Ein solches Wort ist das Wort *Platos* vom «Paraklet des Denkens». Es klingt auf an einer Stelle seiner ‹Republik›, wo es heißt:

«So ist manches in der Wahrnehmung ein Paraklet des Denkens, anderes wieder nicht; – nämlich ein solcher Erwekker des Gedankens ist all das, was zugleich mit seinem Gegenteil in den Sinn fällt; was das aber nicht tut, das weckt auch den Gedanken nicht auf.»[32]

Jedem aber, der sich durch das Thema dieses heutigen Vortrages an den berühmten Satz des *Protagoras* erinnert sieht: «Der Mensch ist das Maß aller Dinge»[33], muß damit zugleich auch sein Gegensatz in den Sinn fallen, wie ihn Franz *Werfel* schon einmal formuliert hat: «Heute sind die Dinge zum Maß des Menschen geworden.»[34] Das ist einfach der Ausdruck einer Wahrnehmung, die sich einem, man möchte sagen, mit jedem Tage mehr aufdrängt. Und eben darum entspricht es scheinbar der Sachlichkeit des Gegenwartsmenschen, diesen zweiten Satz: «Die Dinge sind das Maß des Menschen» für die Wahrheit zu halten und sich danach zu richten.

Aber beide Anschauungen haben schon zur Zeit des Protagoras unmittelbar nebeneinander gewaltet, und auch heute wirken sie unmittelbar nebeneinander, und zwar im einzelnen Menschen; eine innere Spannung erzeugend, die stärker ist denn je. Und in dieser Spannung eben kann sich uns in der unmittelbarsten Gegenwart jener Paraklet des Denkens ankündigen, der durch Spruch und Widerspruch das Denken erwecken will.

Selbstverständlich kann diese Erweckung nicht darin bestehen, daß das Denken zur Entscheidung für den Satz oder den Gegensatz aufgerufen wird. Diese Entscheidung sucht das Denken zunächst, um der Spannung des Widerspruchs zu entkommen. Aber hier stehen wir an einem Punkte, an dem sich das Denken eben mit einer bloßen Entscheidung nicht mehr zufriedengeben kann. Denn was wäre mit einer solchen Entscheidung erreicht?

Wenn es wahr ist, daß die Dinge das Maß des Menschen sind, so bestimmen diese den Menschen und sein Verhalten, und zwar restlos. Wir sind dann – und nun benutze ich eine Formulierung Erwin *Schrödingers,* des bedeutenden Physikers der Gegenwart: «... durch die physikalischen Gesetze gezwungen, in jedem Moment ganz genau das zu tun, was wir tun. Wozu soll man dann erwägen, ob es recht oder unrecht ist? Wo bleibt da Raum für ein Moralgesetz, wenn das allmächtige Naturgesetz jenes überhaupt nicht zu Wort kommen läßt?»[35]

Ich füge hinzu: Wenn aber der Mensch in einer moralischen Handlung aus seiner Freiheit heraus bestimmend in den Gang der Dinge eingreifen kann, so würde er eben damit sich als das Maß der Dinge darstellen. Wäre damit die Gültigkeit der Naturgesetze etwa aufgehoben?

Schrödinger behauptet nun, diese Antinomie sei heute so ungelöst wie vor dreiundzwanzig Jahrhunderten, d. h. also zu Zeiten des Protagoras. Das mag eine berechtigte Feststellung sein – aber vernehmen wir doch endlich in dieser Antinomie den Ruf des Parakleten, der das Denken erwecken will, damit es die Brücke *erbaue*, die es nicht finden kann: die Brücke, welche die moralisch-seelische Welt des Menschen mit der physischen Welt der Dinge und Naturgesetze verbindet, die Brücke, ohne die ein Zusammenklingen, eine Harmonie von Freiheit und Notwendigkeit nicht möglich ist. Eine solche Harmonie aber nicht nur zu ermöglichen, sondern zu verwirklichen, und zwar bis in das soziale Leben hinein, das ist eben die Aufgabe, vor welche die Menschheit der Gegenwart sich unausweichlich gestellt sehen muß.

Was verstehen wir nun eigentlich unter dem Satz: «Der Mensch ist das Maß aller Dinge»? Gewiß, die Frage ist vielleicht überraschend, denn ich denke, wir glauben alle sehr gut zu verstehen, was damit gesagt ist. Aber fragen wir genauer: ‹Der Mensch› – ist das irgend ein einzelner Mensch? Nein, werden wir sagen, so kann es nicht gemeint sein. Denn über einen Menschen, der *sich* für das Maß der Dinge hält, der glaubt, alle Dinge seien wirklich so, wie *er* sie gerade beurteilen kann, über einen solchen Menschen würden wir mit Christian *Morgenstern* nur lachen, von dem ja der Vers stammt:

«Herr Meier hält sich für das Maß der Welt,
verständlich ist allein, was ihm erhellt!»

Aber kann denn etwa ‹der Mensch schlechthin› gemeint sein? Den gibt es ja nirgends. Und wenn der nicht zu finden ist, wo soll man dann das Maß der Dinge hernehmen?

Aber weiter: Inwiefern *ist* der Mensch ein Maß? Ein Maß ist doch dasjenige, womit gemessen wird. «Der Mensch *mißt* alle Dinge», das kann man verstehen – aber: «Der Mensch *ist* das Maß aller Dinge»? – Oder sollte damit gar der menschliche Körper gemeint sein? Nein, bei Protagoras sicherlich nicht, denn der ganze Satz, der von ihm überliefert ist, lautet ja: «Der Mensch ist das Maß aller Dinge, der seienden, daß sie sind, der nichtseienden, daß sie nicht sind.» Da ist der Mensch, sofern er ein Urteilender ist, angesprochen als das Maß aller Dinge. Als solcher kann er vielleicht ein Maß angeben – aber wie kann er eins *sein*?

Demokrit, der jüngere Zeitgenosse des Protagoras, hat diesen Satz des Protagoras sicherlich gekannt. Protagoras, genannt von Abdera, lebte etwa 480 bis 410 vor Christi Geburt; Demokrit wurde um 460 in Abdera geboren. Aber *Demokrit* sah sich nach einem anderen Maß der Dinge um. Er glaubte es in den Atomen zu finden. Er setzt sie als letzte, unveränderliche Naturkonstanten, die als solche ein auf die Wirklichkeit bezogenes Messen erst ermöglichen. Erwin Schrödinger hat in seinem Aufsatz ‹Die Atomisten› den Weg verfolgt, der Demokrit zur Aufstellung seiner Atomtheorie geführt hat: Nach Demokrit lassen uns bei der Erforschung des Kleinen die Sinne im Stich. Dann muß ein verfeinertes Denken uns weiterführen. Als bedeutender Geometer erkennt er als erster, daß das Volumen einer Pyramide oder eines Kegels ein

Drittel des Produktes seiner Grundfläche und Höhe ist. Der Beweis stellt ihn vor die Schwierigkeit des Infinitesimalen, des Unendlich-Kleinen. Das geht nach Schrödinger aus folgendem «interessanten Paradoxon hervor, das Demokrit augenscheinlich auf dem Weg zu jenem Beweis auffiel ...»:

«Schneiden wir einen Kegel durch eine zu seiner Basis parallele Ebene in zwei Teile. Sind dann die beiden Kreise, die durch den Schnitt auf den beiden Teilen entstehen (auf dem kleineren oberen Kegel und dem unteren Kegelstumpf) gleich oder ungleich? (Fig. S. 43) Wenn sie ungleich sind, so muß, da dasselbe ja auch für jeden anderen Schnitt gelten würde, der Kegelmantel nicht glatt, sondern gestuft sein; sind aber die zwei Schnittflächen gleich, würde das nicht aus demselben Grund bedeuten, daß alle diese parallelen Schnitte gleich sind, der Kegel also ein Zylinder ist?»[36]

Nun konnte sich Demokrit sagen:

Dies Paradoxon besteht für die mathematischen Körper. Aber mathematische Körper gibt es nicht als materiell existierende. Nun gibt es aber physische Körper, und beim physischen Kegel muß der Mantel tatsächlich gestuft sein, und zwar müssen die Stufen, wenn sie auch sehr klein sind, doch eine endliche Größe haben, weil sonst sogleich jenes Paradoxon wieder in Wirksamkeit treten müßte, das die Existenz eines physischen Kegels unmöglich macht. Also müssen die physischen Körper, weil sie bestehen, aus Atomen von endlicher Größe bestehen.

Damit waren für Demokrit zunächst die Atome das Maß der Dinge. Schrödinger drückt das so aus: «Für ihn (für Demokrit) war die Atomistik ein Mittel, die Kluft zwischen den wirklichen physikalischen Körpern und den idealisierten geometrischen Gestalten der reinen Mathematik zu überbrücken.»[37]

Wir können auch so sagen: Alle reine Mathematik ist in der menschlichen Seele beschlossen. Soll sie auf die Außenwelt der wirklichen Dinge bezogen werden, so bedarf sie der Brücke des Maßes. Für Protagoras gehört dieses Maß der menschlichen Seele selbst an: Der Mensch ist das Maß der Dinge. Für Demokrit gehört das Maß der Welt der Dinge an; das Atom als Ding ist das Maß der Dinge, aber damit werden für Demokrit eben sogleich die Dinge auch zum Maß des Menschen. Für ihn bestehen auch Geist und Seele des Menschen – die es ja gibt! – konsequenterweise aus Atomen – (die Seele aus solchen, die den Sonnenstäubchen ähnlich sind und die wir mit der Luft ein- und ausatmen) –, und ihm ist das Verhalten *aller* Atome durch die Gesetze der Physik bestimmt. – Was ist denn nun das Maß-Gebende in der Welt: Der Mensch? oder das Atom?

Gehört das Maß der Welt an, oder gehört es dem Menschen an? Wenn wir nun sagen: keinem von beiden, das Maß gehört der Grenze an, die den Menschen von der Welt *trennt*, so setzen wir damit zugleich das Maß als unreal und als unbegreiflich, und damit haben wir nichts gewonnen. Sagen wir aber: Das Maß gehört der Grenze an, die den Menschen mit der Welt *verbindet*, und damit sowohl der Welt als auch dem Menschen, so müssen wir uns doch eingestehen, daß es eben diese Grenze ist, die wir erst suchen, die wir gerade noch nicht kennen. Zwar stehen wir unmittelbar vor dieser Grenze, die ganz gewiß keine andere ist als die Grenze der

Naturerkenntnis selbst – aber sie wird ja immer wieder nur als *trennende* erlebt, und es bedarf eben erst jener Erweckung des Denkens, um die wir ja ringen, um dieses Trennende als das in Wahrheit Verbindende zu erkennen.

Wir fragen also noch einmal: Gehört das Maß der Welt an oder gehört es dem Menschen an? Oder, mit noch anderen Worten: Ist das Maß ein Ding, oder ist es ein Begriff?

Hier kann sich nun jenes Paradoxon des Demokrit, von dem wir eben gesprochen haben, als dasjenige offenbaren, was es in Wahrheit ist: als ein Bild nämlich, als ein Ausdruck für das Ringen des Menschen um *wirklichkeitsgemäße Begriffe*. Demokrit hat sich in diesem Ringen gleichsam einer List bedient, um es vorläufig zu beenden: Er hat sich nach *begriffsgemäßen Wirklichkeiten* umgesehen und sie in den Atomen zu finden geglaubt. Heute aber fängt man an, diesen bloß stellvertretenden Charakter der Atome zu durchschauen. Wir haben davon gesprochen, wie Schrödinger dazu kommt zu sagen, daß für Demokrit die Atomistik ein Mittel war, «die Kluft zwischen den wirklichen physikalischen Körpern und den idealisierten geometrischen Körpern der reinen Mathematik zu überbrücken». An der betreffenden Stelle fährt Schrödinger nun fort:

«Aber nicht nur für Demokrit. In gewisser Weise hat die Atomistik während ihrer ganzen langen Geschichte stets diese Aufgabe erfüllt, unser Nachdenken über greifbare Körper zu erleichtern ... So hat sich die Atomistik unendlich fruchtbar erwiesen. Aber je mehr man darüber nachdenkt, desto weniger kann man sich der Frage erwehren, inwieweit sie eine *wahre* Theorie ist. Gründet sie sich tatsächlich nur auf die wirkliche objektive Struktur der realen Außenwelt? Ist sie nicht in wichtiger Weise durch die Natur des menschlichen Verstandes bedingt – was Kant a priori genannt haben würde? Ich halte es für nötig, daß wir uns gegenüber den handgreiflichen Beweisen für die Existenz individueller einzelner Partikel einen offenen Blick bewahren, unbeschadet unserer schrankenlosen Bewunderung für die experimentelle Meisterschaft derer, die uns einen solchen Schatz tatsächlichen Wissens erarbeitet haben. Er mehrt sich täglich und wird schließlich mithelfen, das Blatt zu wenden – ich meine den betrüblichen Umstand, daß heute, wie ich wohl sagen darf, unser Verständnis der Tatsachen in demselben Maße schwindet, wie diese sich mehren.»[38]

Dieses Zeugnis Schrödingers spricht wohl deutlich genug aus, daß jene durch Jahrtausende für begriffsgemäße Wirklichkeiten gehaltenen Atome ihren stellvertretenden Charakter zu offenbaren beginnen, und damit, daß es an der Zeit ist, das Ringen um die Ausbildung wirklichkeitsgemäßer Begriffe entschlossen wieder aufzunehmen.

Orientieren wir uns an jenem Paradoxon des Demokrit, von dem wir sagten, daß es im Grunde ein Bild, ein Ausdruck für dieses Ringen sei.

Wir haben einen Kegel vor uns, der durch eine parallel zur Grundfläche durch ihn hindurchgelegte Ebene in zwei Teile getrennt ist: in den oberen Kegel und den Kegelstumpf. Stellen wir uns vor: Der obere Kegel sei der Mensch, dessen seelische Tätigkeiten, von der Spitze des Kegels ausgehend, an der schneidenden Ebene der Außenwelt begegnen, die wir als den unteren Kegelstumpf vorstellen. Ist nun der Kreis um

die Schnittfläche durch die innere Tätigkeit des Menschen, d. h. durch den oberen Kegel bestimmt, oder durch den Kegelstumpf der vom Menschen getrennten, äußeren Welt? Aber welcher Kreis? Und um welche ‹Schnittfläche›? Ich habe ja zwei Kreise und zwei Schnittflächen bekommen, wenn ich wirklich geschnitten habe! Denn ich kann nun den oberen Kegel vom Kegelstumpf abheben, und die Unterfläche des Kegels ist nicht die Oberfläche des Kegelstumpfes!

Und liegt nicht die ganze menschliche Wahrnehmungs- und Vorstellungswelt auf der inneren Unterfläche eines solchen seelischen Tätigkeitskegels, mit dem wir – da er eben abgetrennt ist von der Außenwelt – sogar immer über die äußere Oberfläche hingleiten, ohne zu wissen, wie diese selbst beschaffen ist? Gerade dieses Hingleitenkönnen der Seele über die Außenwelt, dieses Losgebundensein, das auf diesem Schnitt beruht, das ist es ja, dem der Mensch das Bewußtsein seiner Freiheit verdankt, das Bewußtsein, der Welt gegenüberzustehen. Und eben dieses Erlebnis kündigt sich in so nachdrücklicher Weise an in dem Satz des Protagoras: «Der

Mensch ist das Maß aller Dinge.» Aber wenn nun heute der Mensch aus der Freiheit heraus die bewußte Verbindung zu der Welt wieder sucht, aus der er sich um der Erringung seiner Freiheit willen herauslösen mußte, so muß er ja den umgekehrten Weg gehen! Das heißt: Wenn er vorher danach streben mußte, sich in der Welt zu finden, so muß er nun danach streben, die Welt in sich zu finden. Der Schauplatz seines eigenen Bewußtseins selbst muß mit jener Grenze zusammenfallen können, die ihn von der Welt trennt, an der er der Welt mit seinen Begriffen begegnet, wenn er auch nicht in sie eindringt. Denn dann ist diese Grenze zugleich die Wand, an welcher sich alles Innere in Äußeres und alles Äußere in Inneres zu verwandeln beginnt; und wenn er ihr begegnet, so wird er *das* eben gewahr. Dann hört er auf, auf die Erscheinungen der Welt bloß hinzustarren, dann beginnt er zu ahnen, daß er in ihnen lesen lernen kann. Wie er vorher mit der Ausbildung seines Denkens zur Erbildung von reinen Begriffen vom Mittelpunkte seiner Seele zu der Peripherie vordrang, so muß er, wenn er sie erreicht hat, wenn seine ‹Begriffe› sie berühren, um jenes Lesen zu lernen, mit der Ausbildung seines bewußten Erlebens zum Zentrum zurückschreiten, wobei der Denkblick nach wie vor auf die Grenze hin gerichtet bleiben muß: sie darf er nicht verlieren. Diese Grenze aber ist die Region des Maßes. – Man kann diese Grenze nicht durchstoßen, ja, man kann nicht einmal von ihrer Oberseite auf ihre Unterseite hinüberwechseln – aber man kann sie erreichen, und sie erreichen heißt, sie überwinden. Das Kennzeichen für das Erreichen dieser Grenze ist das Bemerken des Auftretens des Gedankens ‹Ich› auf dieser Grenze als das Auftreten einer unteilbaren Wesenheit, einer Individualität. Tritt dieser Gedanke dort, d. h. also auf dem Schauplatz des Bewußtseins, wahrhaft auf, so keimt, unmittelbar sich anschließend, im Zentrum das Erlebnis ‹bin› auf, in welchem das Sein der Welt selbst zum Bewußtsein drängt.

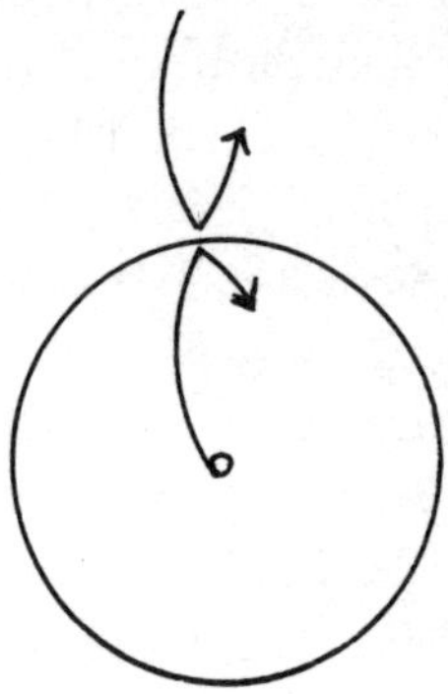

Wir haben gesehen, wie Demokrit bei seinem Paradoxon der Schwierigkeit des Infinitesimalen begegnet. Man muß nun nicht denken, daß diese Schwierigkeit – und es ist die Schwierigkeit des Erreichens der Grenze, von der wir hier reden – etwa durch die Erfindung der Infinitesimalrechnung überwunden und beseitigt wäre. Sie ist damit höchstens zugedeckt. Berechnen läßt sich hier gar nichts. Aber in anderer Hinsicht kann hier doch ein Hinblick auf die Infinitesimalrechnung aufschlußreich sein. Sie wurde von *Leibniz und Newton* gleichzeitig erfunden, und es hat ja einen langen Prioritätsstreit deswegen gegeben. Die Rechnungsweisen der beiden scheinen zwar durchaus die gleichen zu sein. Wenn man indessen untersucht, wie sie dazu gekommen sind, so zeigt sich geradezu eine entgegengesetzte Richtung ihrer Wege, und zwar ist sie durchaus in derselben Weise entgegengesetzt, wie die des Protagoras und die des Demokrit. Das läßt sich am deutlichsten und am schnellsten zeigen durch eine Gegenüberstellung des Zahlbegriffs, wie Newton ihn faßt, und des Leibnizschen Zahlbegriffs.

Man könnte sagen: so, wie für Demokrit das Atom das Mittel war, die Kluft zwischen den physikalischen Körpern und den geometrischen zu überbrücken, so ist für Newton die Zahl bloß das Mittel, verschiedene Quantitäten aufeinander zu beziehen, das heißt aber, die Kluft zwischen der Arithmetik und der Ausdehnung zu überbrücken.

Newton definiert in seiner *Arithmetica Universalis:* «Unter einer Zahl verstehen wir nicht so wohl eine Menge von Einheiten, als vielmehr die abstrakte Beziehung irgendeiner Quantität zu einer anderen Quantität derselben Art, die wir als Einheit setzen.»[39]

«Die wir als Einheit *setzen*»! Das ist das Entscheidende! Quae pro unitate habetur! heißt es bei Newton. Die Einheit ist ihm nur eine beliebige, willkürliche Setzung, eine schlechthin relative Größe, und daher kann durch alle Beziehungen, die sich auf sie stützen, die Wirklichkeit niemals erreicht werden.

Für Leibniz aber ist die Zahl «multidudo unitatum», eine Menge von Einheiten, und für ihn ist die Einheit keine Setzung, auch keine Größe, sondern eine Wirklichkeit. «Monas», so sagt er, «ist ein griechisches Wort, das die Einheit oder das, was eines *ist,* bedeutet.»[40] Und ein anderes Wort Leibnizens lautet: «Ich definiere die Zahl als eins und eins und eins usw., als Einheiten.»[41]

Und dieser Begriff der Eins bei Leibniz hat *nicht* Größe zum Inhalt. Aber er hat deshalb nicht *keinen* Inhalt. Dieser Inhalt ist das Unteilbare, das Individuum, und dieser Inhalt ist nicht beschreibbar, sondern nur erlebbar. Es ist sein besonderes Ich-Erlebnis, das Leibniz sagen läßt:

«Was nicht in Wahrheit *ein* Wesen ist, ist auch nicht in Wahrheit ein *Wesen.*»[42]

Newton kennt dieses Erlebnis nicht, er kennt nur die definierende Beschreibung, daher ist ihm die Einheit, die Eins, keine Realität, sondern bloß eine methodische Abstraktion.

Daher kann für Leibniz das Unendlich-Kleine auch gänzlich aus dem Bereich der Ausdehnung verschwinden, gleich Null werden und dennoch eine Realität sein, während bei Newton das Infinitesimale diese Grenze nie erreicht, wenn er es auch behauptet. Man muß das nachlesen bei Newton, wie er darum ringt, das nachzuweisen – aber es gelingt ihm nicht. Der gleiche Gegensatz tritt uns dann noch einmal zwischen *Goethe und Newton* gegenüber, wie es sich in beider Behandlung der Farbenlehre offenbart, und den Goethe selbst folgendermaßen beschreibt:

«Newton scheint vom Einfacheren auszugehen, in dem er sich bloß ans Licht halten will; allein er setzt ihm auch Bedingungen entgegen so gut wie wir, nur daß er denselben ihren integrierenden Anteil an dem Hervorgebrachten ableugnet. Seine Lehre hat nur den Schein, daß sie monadisch oder unitarisch sei. Er legt in seine Einheit schon die Mannigfaltigkeit, die er herausbringen will, welche wir aber viel besser aus der eingestandenen Dualität zu entwickeln und zu konstruieren glauben.»[43]

Dieser Weg des Eingestehens der Dualität aber, den Goethe in seiner Farbenlehre beschritten hat, ist eben jener

Weg, den wir vorhin angedeutet haben: der Umkehr-Weg der Ausbildung des bewußten Erlebens *nach* Erreichung der peripheren Grenze der begriffenen reinen Phänomene zum Zentrum des Wesens hin. Newton verkennt auf Grund seiner Anschauung von der Wesenlosigkeit der Einheit das Licht als eine bloße Gegebenheit der dem Menschen gegenüberstehenden Außenwelt, wie Demokrit die Atome als die Bestandteile einer wesenlosen Außenwelt verkennt.

Goethe aber sucht gar nicht danach, das Licht als eine äußere Gegebenheit zu beschreiben, sondern er sucht Wirkung und Gegenwirkung des Wesens des Lichtes im Innern des Auges, in der geistig-seelischen Tätigkeit des Sehens bewußt zu erleben. Das Wesen des Lichtes, das sich für uns in den Farben als in seinen «Taten und Leiden» äußert, d. h. kundgibt, ist für Goethe dasselbe wie das Wesen des sehenden Auges – und dessen Tun und Leiden sucht er zunächst bewußt zu erleben. Das bedeutet aber gerade das Gewahrwerden der wesenhaften Wirklichkeit der Außenwelt im Innern der eigentlichen seelischen Tätigkeit.

Wenn nun Goethe jenen Weg, den er geht, bezeichnet durch die Frage: Was *tut* das Auge, oder auch: Was *tut* das Wesen des Lichtes in uns, wenn wir Farben sehen?, so fragen wir nun hier, den gleichen Weg betretend, um auf ihm nach einer Erfahrung vom Wesen des Maßes zu suchen:

Was *tut* der Mensch, wenn er mißt?

Das heißt also, wir fassen die Maße auf als Taten, Taten und Leiden von einheitlichen Wesenheiten, oder von wesenhaften Einheiten.

Wenn wir das aber dürfen, wenn sich diese Auffassung als eine ‹wirklichkeitsgemäße› bewährt, so reißt sie uns sogleich eine Perspektive auf, die uns wenigstens ahnen läßt, daß das Wort: «Der Mensch ist das Maß aller Dinge» sich mit einem viel tieferen Sinn zu erfüllen beginnt, als der ist, den er für Protagoras selbst umschloß, obgleich dieses Wort durch ihn geprägt werden konnte.

Denn dann müssen wir das Maß aller Dinge erkennen als das Ergebnis von Wirkung und Gegenwirkung des einheitlichen Wesens der Welt, das heißt: als die Begegnung dieses Wesens der Welt mit sich selbst. Und dann müssen wir erkennen: Diese Begegnung vollzieht sich auf dem Schauplatz des menschlichen Bewußtseins, wenn dieser wirklich gerade zur trennenden Ebene von Innenwelt und Außenwelt geworden ist, und das heißt: zur Schwelle. Das Ergebnis dieser Begegnung aber ist die Geburt des Bewußtseins der Individualität, das heißt dessen, was ‹unteilbar› ist, und das ist: das Wesen des Ganzen.

Das ist es aber, was *Rudolf Steiner* schon 1894 ausgesprochen hat in seiner ‹Philosophie der Freiheit› mit den folgenden Worten:

«In dem Denken haben wir das Element gegeben, das unsere besondere Individualität mit dem Kosmos zu einem Ganzen zusammenschließt. Indem wir empfinden und fühlen (auch wahrnehmen), sind wir einzelne, indem wir denken, sind wir das all-eine Wesen, das alles durchdringt. Dies ist der tiefere Grund unserer Doppelnatur: Wir sehen in uns eine schlechthin absolute Kraft zum Dasein kommen, eine Kraft, die universell ist, aber wir lernen sie nicht bei ihrem Ausströmen aus dem Zentrum der Welt kennen, sondern in einem Punkt der Peripherie. Wäre das erstere der Fall, dann wüßten wir in dem Augenblick, in dem wir zum Bewußtsein kommen, das ganze Welträtsel. Da wir aber an einem Punkte der Peripherie stehen und unser eigenes Dasein in bestimmte Grenzen eingeschlossen finden, müssen wir das außerhalb unseres eigenen Wesens gelegene Gebiet mit Hilfe des aus dem allgemeinen Weltensein in uns hereinragenden Denkens kennenlernen.»[44]

Und nun lassen Sie uns versuchen, auf die Frage selbst ein wenig einzugehen: Was tun wir denn, wenn wir messen? Lassen Sie uns ausgehen von der Erwähnung einer Merkwürdigkeit, einer Merkwürdigkeit vor allem auch insofern, als sie uns zeigen kann, daß man offenbar sehr wohl Atomist sein und dennoch den Menschen, beziehungsweise sich selbst, für das Maß aller Dinge halten kann.

Epikur nämlich, 342 vor Christus auf Samos geboren, von seinem 36. Jahre ab in Athen lebend und lehrend, war Atomist, war Nachfolger des Demokrit und hat dessen Lehre weiter ausgebaut – allerdings, wie Schrödinger meint, durch Hinzufügung von allerlei Unsinn. In seinem schon erwähnten Aufsatz über die Atomisten berichtet nun *Schrödinger* von Epikur folgendes:

«Epikur war ein Sensualist von reinstem Wasser. Wo uns die Sinne entscheidende Gewißheit geben, da müssen wir ihnen vertrauen. Wo sie es nicht tun, dürfen wir irgendeine vernünftige Hypothese aufstellen, um zu erklären, was wir sehen. Damit hatte er kein Glück. So schien ihm z. B. die Größe der Sonne, des Mondes und der Sterne durch Sinneswahrnehmung unmittelbar und unzweifelhaft gegeben. Im besonderen bei der Sonne wies er darauf hin, daß erstens ihr Rand scharf, nicht verschwommen ist, ferner daß wir ihre Wärme fühlen. Nun führt er aus: wenn wir einem großen irdischen

Feuer noch nahe genug sind, um seine Umrisse deutlich zu erkennen und etwas von seiner Wärme zu verspüren, so können wir auch seine wirkliche Größe erkennen, ‹wir sehen es gerade so groß, wie es ist›! Folglich sind Sonne, Mond und Sterne gerade so groß, wie wir sie sehen, weder größer noch kleiner.»[45]

Nicht wahr, ganz wie Herr Meier bei Christian Morgenstern. Das scheint auch Schrödinger zu denken. Denn er sagt zunächst: «Der Hauptunsinn ist natürlich der Ausdruck ‹so groß, wie wir sie sehen›.» Aber dann fügt er eine seltsame Bemerkung hinzu, die uns stutzig machen kann. Er sagt nämlich:

«Es hebt sich ihm (also Epikur) der Unterschied zwischen Winkelgröße und Längengröße nicht ab – ihm, dem gelehrten Athener, fast dreihundert Jahre nach Thales, der die Entfernung von Schiffen durch Triangulieren maß, genau wie wir es zu tun pflegen!» Ja, sollte man das für möglich halten? Untersuchen wir also die Sache etwas genauer! Nehmen wir dieses Rechteck an der Tafel, und fragen wir:

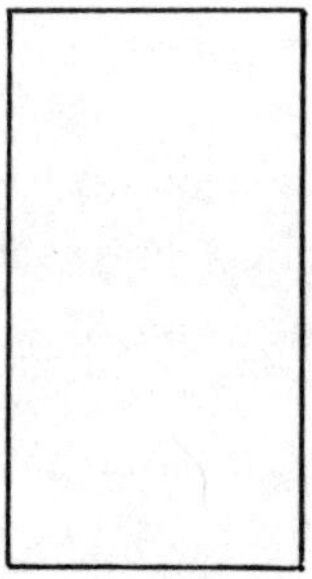

Wie hoch ist es in Wirklichkeit? Da Sie alle verschieden weit entfernt sitzen, sehen Sie es natürlich alle verschieden groß. Trotzdem werden Sie mir alle sagen können: ungefähr 50 cm. Nehmen wir an, es stimmt. Es sind also ‹in Wirklichkeit› 50 cm. Also bis dahin sind wir uns einig, daß Epikur Unsinn geredet hat.

Aber nun machen wir den nächsten Schritt, und nun bitte ich Sie recht sehr, auf sich selber acht zu geben. Nun fragen wir nämlich:

Und wie lang sind denn 50 cm ‹in Wirklichkeit›? Wann sehen wir denn einen Zentimeter so lang, wie er ‹wirklich› ist? Nun, prüfen Sie das einmal, indem Sie Daumen und Zeigefinger im Abstand 1 cm voneinander halten: Sie werden bemerken, daß Sie dann die Hand ganz von selbst in einen ganz bestimmten Abstand vom Auge bringen. Durch Festlegung dieses Abstandes machen Sie ja eben eine Winkelgröße zur Längengröße. Aber wodurch ist dieser Abstand bestimmt, in dem wir die Länge so groß sehen, wie sie ‹wirklich› ist? Die Schwierigkeit, die da liegt, ist viel größer, als man denkt.

Denken wir uns, wir hätten diesen Abstand bestimmt. Dann könnten wir ‹wirklichkeitsgemäß› nur messen, wenn wir diesen Abstand immer beibehalten; d. h., wenn wir dabei in Ruhe bleiben, nur messen, was auf einer Kugelfläche einer Hohlkugel mit dem Radius dieses Abstandes um uns herum erscheint. Denken wir also, wir hätten die Hohlkugel gefunden, auf der wir die Zentimeter so lang sehen, wie sie ‹wirklich sind›. Mit welchem Maß sollen wir nun den Abstand bestimmen? Nun, in Zentimetern, nicht wahr? Aber das können wir nicht, denn Radius und Kreisumfang sind inkommensurabel, d. h., sie *haben* kein gemeinsames Maß!! – Und das war Epikur natürlich auch bekannt. –

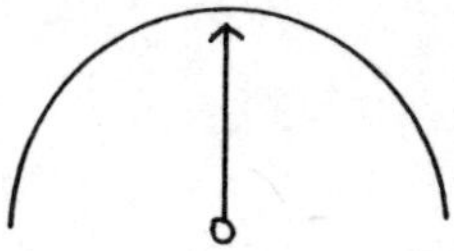

Wie hieß noch der Spruch bei Christian Morgenstern:
«Herr Meier hält sich für das Maß der Welt,
verständlich ist allein, was ihm erhellt!»
Ja, sind *wir* vielleicht Herr Meier? –

Also was tun wir nun eigentlich, wenn wir messen? Wenn wir messen, vergleichen wir. Und zwar räumlich ausgedehnte Größen. Vergleichen können wir aber nur, was gleich ist. Auch die Erkenntnis des Ungleichen setzt das Vergleichen von Gleichem voraus. Und – vergleichen können wir nur, wenn wir das, was wir vergleichen, uns gegenüber haben.

Die Größe, womit wir vergleichen, was wir messen wollen, muß eine bestimmte sein. Das heißt: sie hat Anfang und Ende. Der Punkt, der ihren Anfang bezeichnet, liegt auf der einen Seite, der Punkt, der ihr Ende bezeichnet, auf der anderen. – Woher weiß ich das? Weil ich mich der Größe gegenüber befinde, und zwar gegenüber ihrer Mitte. Denn sonst könnte ich nicht beurteilen, was Anfang und Ende ist. Natürlich kann ich sie vertauschen, aber ich brauche ihren Gegensatz, sonst habe ich überhaupt keine Größe, sondern nur einen Punkt. Das sieht also so aus:

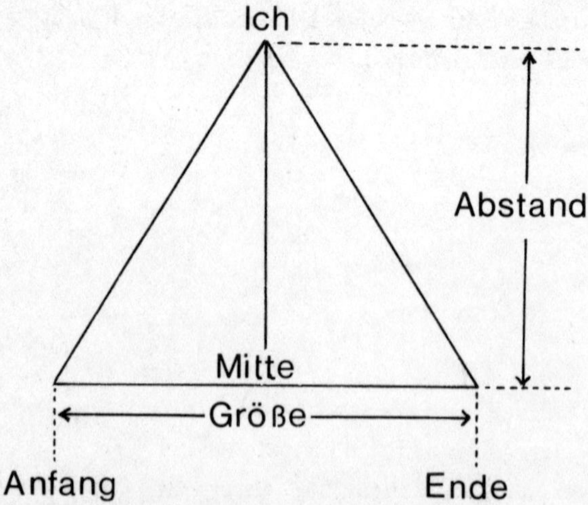

Wir bedienen uns also des Prinzips des Vergleichens nicht erst, wenn wir mit einer schon bestimmten Größe vergleichen, sondern im Grunde schon, wenn wir die erste Größe bestimmen, womit wir dann andere vergleichen; also schon, wenn wir das ausgedehnte Maß geben. –

Was haben wir also bemerkt?

Nun, eigentlich dies: Wenn man messen will, muß man bis drei zählen können. Alles messen beruht also auf dem Gewahrwerden einer Dreiheit: Anfang, Mitte, Ende; Oben, Unten, Mitte; links, rechts, Mitte usw.

Bei diesem Gewahrwerden der Dreiheit sind *wir* aber selber der Vierte! Denn wir müssen eben diese Dreiheit gegenüber haben können! Messen heißt: Die Dreiheit aus sich heraussetzen. Der Vierte ist also derjenige, in dem die Dreiheit als Einheit enthalten ist. Deshalb machen wir, wenn wir messen, so:

Die linke Hand bezeichnet den Anfang, die rechte das Ende; das Auge aber, das dem zu Messenden gegenübersteht, ist auf die Mitte hin orientiert.

Ebenso, wenn wir einen Schritt auf dem Boden machen: ein Fuß vorn, einer hinten, wir selbst in der Mitte, aber zugleich darüber erhoben!

Diese Dreiteilung ist die *Ur-Teilung*. Und das Vierte ‹fällt› das *Ur-Teil,* vollzieht die Beurteilung. – Suchen wir aber das Urteil selbst, so machen wir so:

Wir lassen unsere beiden Hände sich berühren. Was berühre ich da? – Mich! Wir «begreifen» uns selbst an der Peripherie, und wir erleben im Zentrum: Wir selbst sind das Ur-Teil. Wir sind das Urteil, das die Dreiheit als Einheit wesenhaft in sich enthält, welche aber uns gegenüber im Bereich der räumlichen Ausdehnung in die Erscheinung tritt, wenn wir etwas messen oder beurteilen wollen.

Deshalb sagt man unter Freunden wohl auch gelegentlich von jemand, dessen Urteilsvermögen nicht sehr ausgebildet zu sein scheint: Der kann wohl nicht bis Drei zählen!

Und das ist ja auch gar nicht so leicht! Denn wenn man bis Drei zählen will, so muß man schon überhaupt zählen können.

‹Zählen› kommt von dem gotischen Wurzelverb ‹teilan› oder ‹tilan›, und das heißt zugleich ‹teilen› und ‹zielen›. Aber ‹tilan›, althochdeutsch ‹zelan›, heißt auch ‹eins zum andern sich ordnen›, ‹sich zusammenfügen›, was noch in unserem Wort ‹erzählen› steckt, und die ‹tala›, heute noch nordisch ‹tale›, heißt zugleich: ‹die Rede›. Also ‹reden›, ‹sprechen›, ist dasselbe wie ‹zählen›!

Ja, der nordische Gott Thor, der konnte zählen oder zielen! Aber er zählte mit dem Hammer, und der traf alles, was er treffen sollte! Aber nicht nur das. Er kam auch immer wieder zurück! Und wenn er hin und her flog, dann blitzte es! Aber Thor hatte auch zwei Diener, die hießen Tialfi und Röckswa, die waren furchtbar geschwind, und ihre Namen bedeuten Zahl-Feuer oder Ziel-Feuer und Rückschwung! Der eine lenkte den Hammer beim Vorwärtsfliegen und der andere mußte ihn wieder holen! Heute sagt man: Das Zählen beruht auf dem Wieder*holen*. Das ist aber falsch, Zählen ist: zielend aussenden und *wieder* holen, nicht wieder*holen*, sondern zum zählenden Wesen zurück holen. Es ist ein rhythmischer Prozeß! Und zählen ist daher ein rein zeitlicher Vorgang, wobei das Räumlich-Ausgedehnte nur auf seiner Grenze und nur in einem Punkte berührt wird. Der Zählende ist die Eins, als Wesen. Das Gezählte im Raume bekommt durch das Berührtwerden den Namen ‹Eins› und wird Maß. Und dieser Name wird vom Wesen als Zahl im Wort ausgesprochen und gehört, gegeben und vernommen. Dieses Wort verbindet das Gezählte mit dem Wesen. Man kann auch sagen:

Das Maß-Gebende ist das lebendige Wort.

In der Kabbala ist dieser Zusammenhang folgendermaßen ausgesprochen, im *Sepher Jezirah:*

«Gott schuf seine Welt durch drei Zählprinzipien: Zahl, Zählender und Gezähltes.»

Die Zahlen «sind wie die Erscheinung des Blitzes, ihr Ziel ist endlos, sein Wort ist in ihnen im Hin- und Herlaufen und auf seinen Befehl eilen sie wie ein Sturmwind, und vor seinem Thron werfen sie sich nieder.»(Ez. I,14)

«Ihr Ende schließt sich an ihren Anfang und ebenso ihr

Anfang an ihr Ende, wie die Flamme an die Kohle gebunden ist. Wisse, zähle und zeichne; einzig ist der Herr und einzig ist der Bildner und hat keinen zweiten; *vor* eins – was zählst du?»[46]

Das Zählen ist also gleichsam der Urprozeß der Menschwerdung selbst. Herkommend vom verborgenen Wesen der Welt, begegnet der Mensch ihrer Grenze als dem Schauplatz seines Bewußtseins; dort empfängt er seinen wahren Namen, wenn er sich seiner selbst als ewiger Individualität im Ur-Teil bewußt wird; wird damit Same des Maßes und soll nun umkehren, die Wende zum Wesen hin vollziehen, im Dienste des Wesens, das ihn gesandt hat.

Das Samenkorn ist gleichsam das Ur-teil der ganzen Pflanze, in dem das Wesen der ganzen Pflanze wirksam wird, aber nicht, ehe es ‹gefällt› ist, nicht, ehe es abgefallen ist und am Boden liegt. Und in China ist einmal in sehr alten Zeiten das reife Getreidekorn die Ur-Einheit, das Ur-Teil des Längenmaßes gewesen.

Der Mensch aber ist das Samenkorn der ganzen Welt – und insofern das Maß aller Dinge, und zwar der gewordenen, die schon sind, und der entstehenden, die noch nicht sind. Dieses Samenkorn reift allerdings aus an einer ersterbenden Welt, aber in ihm liegen die Keimkräfte einer neuen. Lassen wir, wenn wir auch am Boden liegen, – ja, gerade weil wir gar nicht mehr nur am Boden liegen, sondern bereits in den Boden eingestampft sind, lassen wir doch diese Keimkräfte in uns erwecken durch den *Parakleten,* von dem wir anfangs gesprochen haben, der sich uns in den Spannungen aller gegensätzlichen Dualitäten ankündigt! Denn, meine sehr verehrten Anwesenden, man sollte gar nicht sagen: wir stehen vor einer Wende. Die Folge davon kann sehr leicht sein, daß man sich sagt: Dann kann ich ja beruhigt abwarten, was kommt. Und dann kommt die Wende eben nicht! Wir stehen nicht vor einer Wende, sondern vor einem Ende. Und der Paraklet sucht heute für seine Wirksamkeit Menschen, die das bemerken, die sich das in aller Ehrlichkeit eingestehen, und die dann dennoch den Willen aufbringen, zu sagen: ich wende mich!

Durch die Erweckung dieses Willens im Denken wird das Ende zur Wende.

So verstehen wir einen altnordischen Runenspruch[47]:

«Der Mensch ist das verborgenste Korn –
Krist schafft die Welt neu.»

Farbe und Form als Elemente der Weltensprache

Das Thema des heutigen Vortrages lautet «Farbe und Form als Elemente der Weltensprache». Die Elemente unserer Sprache sind Vokal und Konsonant. Diese unsere Lautsprache wird durch das Ohr vernommen. Farbe und Form werden wir durch das Auge gewahr. Aber es gibt ein Mittel, durch das wir das, was wir als Sprache hören, für das Auge sichtbar machen: das Schreiben. Und es gibt ein Mittel, durch das wir das, was wir sehen, dem Ohre – vielleicht auch dem inneren Ohre – hörbar machen: das Lesen. Was wir schreiben und lesen, nennen wir die Schrift. Die Schrift ist nicht Sprache, sie ist Erscheinung der Sprache. Erscheinung nennen wir mit Recht nur das, was in den Bereich des Sichtbaren tritt. Sollte unser Thema daher nicht besser lauten: Farbe und Form als Elemente der Weltenschrift?

Gerade indem wir diese Frage stellen, berühren wir erst das eigentliche Problem, auf das unser Thema hinweisen soll.

Nehmen Sie an, jemand schriebe Ihnen in einer Schrift, die Sie nicht kennen, einen Brief. Sie können ihn nicht lesen! Solange Sie ihn aber nicht lesen können, können Sie nur dabei stehen bleiben, dasjenige, was Sie auf dem Briefpapier sehen, zu beschreiben. Was Sie da beschreiben, trifft aber nicht im entferntesten die Wirklichkeit, von der der Brief künden soll! Das heißt doch, daß eine Schrift erst wahrhaft zur Schrift wird durch das Offenbarwerden ihres unmittelbaren Zusammenhanges mit der Sprache, daß sie nur Schrift ist, sofern sie gleichsam als Leib der Sprache gefaßt werden kann. Das Fixieren der Schrift ist das Ende eines Sprachprozesses, denn ohne zu sprechen, können Sie nicht schreiben! Ebenso aber können Sie eine Schrift nicht lesen, ohne – wenigstens in Gedanken – zu sprechen und ohne innerlich zu hören, was Sie da sprechen. Und zwar müssen Sie eben das sprechen, was da steht, d. h. was Ihnen die Schrift sagt! Wird aber die Schrift von dem Prozeß des Sprechens endgültig abgetrennt, so ist sie nicht mehr Leib der Sprache, sondern Leichnam, und als solcher hört sie auf, die Funktion der Schrift zu erfüllen, d. h.: sie ist nicht mehr Schrift. Schrift ist nur Schrift, sofern sie spricht!

Daß es in diesem Sinne eine Weltenschrift gibt, ist – allerdings mehr oder weniger unbewußt und uneingestanden – die Voraussetzung der modernen Naturwissenschaft. Denn alles, was sie über die Natur weiß, hat sie am Experiment *abgelesen!* Was man aber lesen kann, das ist geschrieben! Aber diese Schrift, an der man etwas ablesen kann, tritt erst im Bereich des Sichtbaren auf, d. h. für die Beobachtung durch das Auge des Menschen. Daher sind alle Experimente, durch welche die Natur befragt wird, darauf hinorientiert, die Antworten, die sie gibt, sichtbar zu machen. Um aber diese sichtbaren Antworten genau, exakt zu fassen, bedient sich die Naturwissenschaft des Messens. Und diese Schrift des gemessenen Sichtbaren nun sucht die Naturwissenschaft durch mathematische Formeln vollständig und auf die einfachste Weise zu beschreiben.

Hier ergeben sich nun aber zwei schwerwiegende Fragen:

1. Ist es überhaupt möglich, eine Schrift durch mathematische Formeln vollständig zu beschreiben? und

2. handelt es sich denn überhaupt noch um eine Weltenschrift, wenn sie gar nicht ohne den Menschen zustandekommen kann, wenn er sie gleichsam durch die Anordnung und Auswertung seiner Experimente erst zustandebringt?

Zunächst zur ersten Frage:

Was heißt denn das überhaupt: eine Sache beschreiben? Was kann man denn beschreiben? Man redet doch oft nur in Worten, wenn man etwas beschreibt, wie kommt man denn darauf, das beschreiben zu nennen und nicht bereden oder besprechen? Prüfen Sie bitte, ob es so ist: Beschreiben läßt sich nur , was im Prinzip sichtbar ist! Also auch eine Vorstellung natürlich; ja, jede Beschreibung dient im Grunde dazu, Vorstellungen hervorzurufen, und alle Vorstellungen sind bildhaft, sonst könnten sie nicht vor uns stehen. Beschreiben heißt, von einer Sache ein prinzipiell sichtbares Bild entwerfen, und darum nennt man es Beschreiben, denn Schreiben heißt auch: sichtbar machen, heißt: ein sichtbares Schriftbild entwerfen.

Was tun wir denn, wenn wir schreiben? Wir malen z. B. Buchstaben auf das Papier. Woraus bestehen dann die Buchstaben? Nun, sagen wir: aus Tinte. Sehen wir die Tinte? Nein. Wir sehen nur ihre Farbe. Also bestehen die sichtbaren Buchstaben aus Farben? – Sind sie Buchstaben durch Farben? Nein, aus ihrer Form erkennen wir, daß es Buchstaben sind. Also bestehen Buchstaben aus Formen? Nein, denn dann könnten wir sie nicht sehen, und Buchstaben müssen sichtbar sein. Sichtbar sind sie durch Farben, Buchstaben sind sie durch Formen. Also sind Farben und Formen die Elemente unserer Schrift.

Die Farbe kündet mir von der Existenz des Schreibers, denn ohne ihn würde die Schrift überhaupt nicht erscheinen, die Form kündet mir von dem Zuge seiner Gedanken, welche die Erscheinung in bestimmte Formen prägen.

Die Farbe ist das einzige in der Welt, was sichtbar ist. Aber sie ist auch nur sichtbar und insofern bloßer Schein; aber dieser Schein ist zugleich Erscheinung, denn sie wird bewirkt, das heißt in der Farbe kommt die Wirklichkeit *von der Welt her* zur Erscheinung. Aber wo denn? Auf dem Schauplatz des menschlichen Bewußtseins. Deshalb eben heißt er «Schau»-platz. Man kann daher auch sagen: Auf dem Schauplatz des menschlichen Bewußtseins kommt die Wirklichkeit als Farbe zur Erscheinung.

Eben auf diesem Schauplatz unseres Bewußtseins treten zwar aber auch unsere Gedanken von innen her auf, *und* wir können sie mit der in den Farben erscheinenden Wirklichkeit zu einem Bilde oder zu einer Schrift verbinden, wenn durch scharfe Farbunterschiede Grenzlinien, d. h. Formen gebildet werden; aber durch mathematische Formeln lassen sich nur diese Formen, d. h die Spuren der Gedanken ausdrücken, die Farben nicht! Daher ist jede mathematische Formulierung der Weltenschrift notwendig einseitig und unvollständig, da sie die Elemente in ihr, die von der Wirklichkeit der Welt künden, nicht enthält und unberücksichtigt läßt.

Dennoch aber müssen wir sagen, wie wir noch genauer sehen werden: Gerade das Bestreben der Naturwissenschaft, wie wir es gekennzeichnet haben, dient dem Prozeß, die Weltenschrift auf dem Schauplatz des menschlichen Bewußtseins zur Erscheinung zu bringen.

Und damit kommen wir zu unserer zweiten Frage: Handelt es sich denn überhaupt noch um eine Weltenschrift, wenn erst der Mensch sie durch die Anordnung und Auswertung seiner Experimente zur Ausgestaltung bringt?

Auch hier wollen wir wieder fragen: Wie ist es denn bei der menschlichen Schrift? Wer schreibt die Schrift, der Mensch oder seine Hand? – Was aber für den Menschen die Hand ist, das ist für die Natur der Mensch! Durch den Menschen erst kann die Schrift der Natur, oder die Weltenschrift, zur Erscheinung kommen, und zwar gerade dadurch, daß er Naturwissenschaft treibt! Denn warum treibt er Naturwissenschaft? Muß man nicht sagen: weil die Natur in ihm ihn zur Wissenschaft treibt! Woraus anders entspringt denn der Erkenntnistrieb, der ja zunächst ein dunkler Drang ist, als aus der Natur, die in dem Menschen wirksam ist?

Zwar hat ohne allen Zweifel gerade die Naturwissenschaft und ihre praktische Anwendung, die Technik, den Menschen immer weiter herausgetrieben aus der Natur, ihn der Natur immer mehr und mehr entfremdet – aber gerade das ist ja ein Zeichen dafür, daß sie im Begriffe steht, ihn aus ihrer Hand zu entlassen. Aber ragt sie nicht wenigstens immer noch durch seine Ernährung, durch seine Atmung und schließlich durch die immer feineren Prozesse seiner Sinnesbetätigung in ihn hinein? Und wie könnte man den Menschen zum Gegenstand der Naturwissenschaft machen, wenn nicht doch im Verborgenen die Überzeugung waltete, daß er zur Natur gehört?

Und doch: gerade insofern, als er sich aus der Natur herauslösen kann, gehört er nicht zur Natur! Denn diese Herauslösung vollzieht er als ein sich zum selbstbewußten Denken entwickelndes Wesen. Es ließe sich nun eindeutig zeigen – was hier natürlich nur angedeutet werden kann –, daß erst durch das bewußte Sehen, durch das vom Denken gleichsam durchzogene Sehen, im strengen Sinne der Mensch sich Gegenständen einer sogenannten Außenwelt gegenüber findet.

Erst das bewußte Sehen reißt die Kluft zwischen Mensch und Welt endgültig auf. Ganz wörtlich gilt: im Sehen schafft sich das Denken Raum. – Nicht einmal: «Da!» könnten Sie sagen, wenn Sie nicht zum Sehen organisiert wären! – Was der Mensch bewußt sieht, das schiebt er von sich weg, das muß er vor sich haben. Alle anderen Sinneswahrnehmungen hat er an sich oder in sich.

Daher können wir sagen: Erst im Sehen, erst durch den bewußten Gebrauch des Auges, distanziert sich der Mensch entschieden von der Natur.

Dadurch, daß dem Menschen das Auge aufgetan wird, erhält er die Möglichkeit, sich von der Natur völlig loszulösen, und damit zum Selbstbewußtsein zu gelangen – aber damit tritt notwendig auch die Gefahr auf, daß er seinen Zusammenhang mit der Natur überhaupt leugnet und ihn endgültig aus dem Bewußtsein verliert. Und doch kann er, ohne diese Gefahr zu bestehen, nicht als denkendes Wesen zur Erkenntnis durchdringen. Und der durch Jahrhunderte hindurch immer stärker sich geltend machende Drang, ein naturwissenschaftliches Weltbild auszugestalten, ist gar nicht anders zu verstehen denn als das Streben, alle dem Menschen von der Natur her zukommenden Erfahrungen dadurch dem Erkennen zugänglich zu machen, daß man sie in das Reich des

Sichtbaren metamorphosiert oder transponiert, weil eben da das Denken am unmittelbarsten eingreifen kann. Denn alle Formen, die in den Bereich des Sichtbaren, d. h. in den Bereich der Farben, eintreten, können durchaus nur gedacht werden. Das kann schon ein einfacher Kreidestrich an der Tafel zeigen. Er ist keine Form – ich meine jetzt Form im strengen Sinne, als mathematische Linie –, sondern er hat eine Form. Sie ist genau bestimmbar. Aber sie erscheint nicht, sondern sie tritt in die Erscheinung, und zwar als Grenzlinie zwischen den Farben Schwarz und Weiß, sie tritt nur durch die Unterscheidung von schwarz und weiß auf. Genauso wie auf dem anderen Bilde die Grenzlinie zwischen blau und gelb. Was sich an diesem scheinbar so einfachen Bilde zeigt und erfassen läßt, ist von allereinschneidendster Bedeutung für das Verhältnis des Menschen zur Welt. Wenn Sie dieses Bild anschauen, so können Sie gewahr werden, daß sich ein Wunder vollzieht, und ich würde mich glücklich schätzen, wenn es mir gelingen sollte, Sie zu einem wirklichen Staunen, zu einem – nun, sagen wir, wenigstens lebenslänglichen Staunen über dieses Wunder zu bewegen.

Würde ich erst alle gelbe Farbe und dann alle blaue Farbe auslöschen, so würde damit auch die Form der Kurve, die Linie, die Sie jetzt zu sehen glauben, verschwunden sein. Dann kann sie aber auch jetzt nicht auf der Tafel sein – ja, sie kann nicht einmal erscheinen!

Jeder Mensch wird sagen: aber ich sehe die Linie doch! Aber wie kann ich etwas sehen, was gar nicht erscheint? – Ich kann nur die Umgebung der Linie sehen, und zwar, weil sie farbig ist! Ich kann nur sehen, was farbig ist – schwarz und weiß natürlich eingeschlossen.

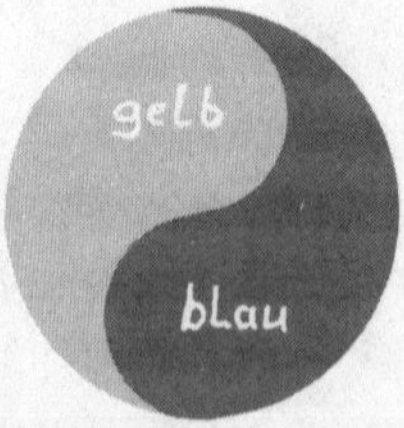

Die Formen, die nicht erscheinen, sondern nur in die Erscheinung treten, sind die Spuren der Anwendung der Gedanken auf die Wirklichkeit, das heißt: In diesen Formen trifft das reine Denken auf die Wand, welche den Menschen von der Natur trennt, nämlich die farbige Erscheinung, aber diese Wand ist eben zugleich die Wand, an welcher der Mensch, in einer höheren Ausbildung des empfindenden Verstehens der Erscheinung, sich bewußt mit der Wirklichkeit wieder verbinden kann, indem er ihr als selbstbewußtes Geistwesen begegnet.

Die Irrfahrten des um das Selbstbewußtsein ringenden Menschen auf dem Meere der Philosophie sind die notwendigen Fahrten des verlorenen Sohnes der Natur, den sie aus ihrer Hand entlassen hat; und er kann nicht eher zu ihr zurückkehren, als bis er imstande ist, als selbstbewußtes Geistwesen diese Hand in Freiheit wieder zu ergreifen, um den neuen Bund zwischen dem Menschen und der Welt zu besiegeln. Das Zeichen dieses Bundes aber kannte schon das 1. Buch Mose, Kap. 9: Es ist die Gesamtheit der Farben in der Form des Regenbogens, der in den Wolken erscheint. Darauf wird gedeutet, wenn wir staunend gewahr werden: ich kann diese

Grenzlinie zwischen Blau und Gelb nicht sehen, ich kann sie nur denkend verfolgen, und doch tritt sie in den Bereich der Erscheinung ein. Aber wer glaubt, deswegen sei sie auch Erscheinung, der kann eben das Schwert des reinen Denkens noch nicht handhaben, weil er es nicht aus der Scheide ziehen kann. Das Denken steckt zwar im Sehen, aber es ist nicht Sehen; und wer es herauszuziehen vermag, der beginnt auch, das Geheimnis der Schrift zu verstehen.

Und so bewahrheitet sich auch auf diesem Felde das Wort eines Meisters der Farben und Formen auf dem Gebiete der Malerei, nämlich *Albrecht Dürers:* «Wahrhaftig steckt die Kunst in der Natur: wer sie heraus kann reißen, der hat sie.» [48] Es ist im Grunde ein altes Bild, das in verschiedener Ausgestaltung immer wieder auftritt, aber durch seine Abwandlungen spricht die geistige Führung der Menschheit. Es bezeichnet auch die Aufgabe, durch deren Erfüllung der Jüngling Artus als zum König bestimmt erkannt wurde, der dann ja gerade zu Pfingsten gekrönt wurde – nämlich die Aufgabe, das Schwert aus dem Amboß zu ziehen, in dem es festgewachsen *schien.*

«Der Mensch ist das Organ, durch das die Natur ihre Geheimnisse enthüllt»,[49] so schrieb *Rudolf Steiner* schon 1897. Wir hatten gesagt: im Ringen um das naturwissenschaftliche Weltbild will die Natur selbst durch den Menschen ihre Schrift zur Offenbarung bringen. Sie schreibt ihr Buch auf den Schauplatz des menschlichen Bewußtseins. Aber weiter: wer schreibt, der spricht auch. Wenn also der Mensch an der Ausgestaltung der Weltenschrift arbeitet, so spricht die Natur in ihm, durch ihn hindurch. Das hat Goethe gemeint, wenn er in seinen Sprüchen in Prosa sagt: «Bei der Betrachtung der Natur im großen wie im kleinen hab' ich unausgesetzt die Frage gestellt: Ist es der Gegenstand oder bist du es, der sich hier ausspricht? Und in diesem Sinne betrachtete ich auch Vorgänger und Mitarbeiter.»[50] Will man also vom Beschreiben zum bewußten Lesen der Schrift, d. h. zum Vernehmen und Verstehen der Sprache der Natur vordringen, so muß man in der rechten Weise in den Menschen untertauchen lernen, durch den Menschen hindurch den Weg zu dem sprechenden Wesen der Welt suchen. Dieser Weg des bewußten Lesenlernens der Weltenschrift ist der Weg der anthroposophischen Geisteswissensschaft. Wir sprechen daher aus: Naturwissenschaft und Geisteswissenschaft verhalten sich wie Beschreiben und Lesen – aber sie begegnen sich in der Schrift; oder mit anderen Worten: das Geheimnis der Schrift verstehen, heißt die Brücke betreten zwischen Naturwissenschaft und Geisteswissenschaft. Will der Mensch der Gegenwart sein Verhältnis zur Welt erkennen, um in Freiheit in seinem Wirken mit der Wirklichkeit der Welt im Einklang zu stehen, so muß er diese Brücke überschreiten. Sonst kann er die Kluft, die er zwischen den Gedanken und der Realität, zwischen Schein und Sein, zwischen Weltbild und Weltwirklichkeit als größer empfindet denn je, nicht überwinden.

Der Mensch kann allerdings hinsichtlich dieser Aufgabe der Überwindung dieser Kluft auch völlig resignieren, indem er bei der Behauptung stehenbleibt, diese Überwindung sei unmöglich. Gerade unter den Naturwissenschaftlern ist die Zahl derer, welche diese Überzeugung hegen, groß, wenn sie sie auch nicht immer aussprechen, und man wird sehen, daß sie immer mehr anwachsen wird. Würde aber diese Auffassung siegen, würde ihr allgemein gehuldigt werden, so würde das bedeuten, daß der Mensch sich seiner Menschenwesenheit begeben würde, entäußern würde, und zwar, geschichtlich gesehen genau in dem Augenblick, in dem er sie in Wahrheit erringen und gewinnen könnte. Das ist die Situation der Gegenwart: entweder die Menschheit findet – und zwar ehrlich – den Weg zur Geisteswissenschaft, oder sie gibt sich selbst auf. Aus welcher Wurzel jene Überzeugung von der prinzipiellen Unüberbrückbarkeit der Kluft zwischen Schein und Sein, zwischen Weltbild und Weltwirklichkeit entspringt und welche Folgen sie nach sich zieht, möchte ich nun an einem besonders aufschlußreichen Beispiel klarzumachen suchen, in dem sich der Prozeß der Erscheinung der Weltenschrift innerhalb der Geschichte der Physik – nach dem Vorangegangenen, wie ich hoffe, deutlich genug – ankündigt.

Max Planck, der durch seine Quantentheorie entscheidend an der Umgestaltung des neuzeitlichen Weltbildes mitgeholfen hat, hielt, fünzigjährig, am 9. Dezember 1908 in Leiden einen Vortrag über ‹Die Einheit des physikalischen Weltbildes›. Darin sagte er zunächst folgendes:

«Die Signatur der ganzen bisherigen Entwicklung der theoretischen Physik ist eine Vereinheitlichung ihres Systems, welche erzielt ist durch eine gewisse Emanzipation von den anthropomorphen Elementen, speziell den spezifischen Sinnesempfindungen. Bedenkt man nun andererseits, daß doch die Empfindungen anerkanntermaßen den Ausgangspunkt aller physikalischen Forschung bilden, so muß diese bewußte Abkehr von den Grundvoraussetzungen immerhin erstaunlich, ja paradox erscheinen. Und dennoch liegt kaum eine Tatsache in der Geschichte der Physik so klar zutage wie diese. Fürwahr, es müssen unschätzbare Vorteile sein, welche einer solchen prinzipiellen Selbstentäußerung wert sind.» [51]

Ich darf noch einmal hervorheben, was Planck hier ausspricht. Auf dem Felde, auf dem wir uns hier bewegen, ist es schon nötig, höchst wachsam und genau zu sein. Rudolf Steiner hat immer wieder ausgesprochen, daß die Naturwissenschaft die Erzieherin des Menschen zur Selbstlosigkeit sei, und man kann meinen, eben das sei ja in den angeführten Worten Plancks auf das deutlichste bestätigt. Aber *Planck* spricht nicht von Selbstlosigkeit, die ja immerhin eine Eigenschaft des Selbst sein müßte, sondern von «Selbstentäußerung»! Er rechnet das Selbst zu den «antropomorphen Elementen» mit hinzu! Sie werden das vielleicht nicht glauben und geneigt sein, zu sagen: Das kann Planck nicht gemeint haben! – Zum mindesten hat er es gesagt.

Aber er kommt später noch einmal ausdrücklich darauf zurück, und da sagt er bezüglich des «festen Zieles, dem sich die wirkliche Naturwissenschaft in allen ihren Wandlungen fortwährend annähert», das Folgende:

«Worauf es hier einzig und allein ankommt, ist die Anerkennung eines solchen festen, wenn auch nie ganz zu erreichenden Zieles ...», und was nun folgt, ist im Druck hervorgehoben, nämlich: *«die vollständige Loslösung des physikalischen Weltbildes von der Individualität des bildenden Geistes».*[52]

«Es ist» – so fügt er dann hinzu – «dies eine etwas genauere Umschreibung dessen, was ich oben die Emanzipierung von den anthropomorphen Elementen genannt habe, um das Mißverständnis auszuschließen, als ob das Weltbild von dem bildenden Geist überhaupt losgelöst werden sollte; denn das wäre ein widersinniges Beginnen.» – Dazu ist zu sagen: Wenn das überhaupt einen Sinn haben soll, so heißt das: die Individualität ist nicht Geist! Denn sonst könnte Planck von der *Individualität* des bildenden Geistes nicht loslösen wollen, was von dem bildenden Geist *überhaupt* nicht loszulösen ist.

Vielleicht ist man immer noch geneigt, einzuwenden: Aber Planck spricht doch im Grunde von der Persönlichkeit, er nennt sie hier nur Individualität.

Um jeden Zweifel auszuschließen, sei noch eine dritte Formulierung *Plancks* aus dem gleichen Vortrag angeführt; sie lautet: «In der Physik dürfen wir mit Recht behaupten, daß schon unser gegenwärtiges Weltbild, obwohl es je nach der Individualität des Forschers noch in den verschiedensten Farben schillert, dennoch gewisse Züge enthält, welche durch keine Revolution , weder in der Natur, noch im menschlichen Geiste, je mehr verwischt werden können. Dieses Konstante, *von jeder menschlichen, überhaupt jeder intellektuellen Individualität Unabhängige* ist nun eben das, was wir das Reale nennen!» [53]

Und hier, in diesem Sich-Sträuben dagegen, die Individualität als Geist zu erkennen – anders kann man doch, denke ich, was sich hier offenbart, nicht mehr nennen –, hier eben liegt dennoch gerade die Wurzel, aus welcher jenes Festhalten an der Behauptung von der prinzipiellen Unüberbrückbarkeit der Kluft zwischen bloßer Erscheinung und Wirklichkeit entspringt. Auch Planck hält daran fest, wie wir gleich sehen werden.

An diese Wurzel hat Rudolf Steiner schon 1894 die Axt gelegt: seine ‹Philosophie der Freiheit› zeigt den Weg, der in wissenschaftlicher Exaktheit gegangen werden kann, um die Individualität bewußt als Geist zu erleben. Planck aber spricht am Schluß seines Vortrages von 1908 von Copernikus, Kepler, Newton, Huygens und Faraday und sagt dann:

«Jene Männer sprachen gar nicht von ihrem Weltbild, sondern sie sprachen von der Welt oder der Natur selbst. Ist nun zwischen ihrer ‹Welt› und unserem Weltbild der Zukunft irgendein erkennbarer Unterschied? Sicherlich nicht. Denn daß es gar keine Methode gibt, einen solchen Unterschied zu prüfen, ist durch *Immanuel Kant* Gemeingut aller Denker geworden.

Der zusammengesetzte Ausdruck ‹Weltbild› ist nur der Vorsicht halber üblich geworden, um gewisse Illusionen von vornherein auszuschließen. Wir können ihn also, wenn wir uns nur vornehmen, die erforderliche Vorsicht anzuwenden, und hinter dem Worte ‹Welt› *nichts weiter* zu suchen (!) als jenes ideale Zukunftsbild, auch wieder durch das einfache Wort ersetzen und gelangen dann zu einer mehr realistischen Ausdrucksweise, ... die ja auch tatsächlich von den Physikern stets angewendet wird, wenn sie in der Sprache ihrer Wissenschaft reden!» [54]

Muß denn hier nicht jeder ehrlich suchende Mensch der Gegenwart ausrufen: Mir liegt aber nichts an einer ‹realistischen Ausdrucksweise›, mir liegt daran, den Weg zur Realität selbst, den Weg zur Wirklichkeit zu finden!

Und ist hier, bei *Planck*, nicht gerade dem Weg zur Selbsttäuschung und damit zur Irreführung der Menschheit Tür und Tor geöffnet?

Und in dieser Richtung eben wird ganz gewiß der Mensch mehr und mehr den Folgen zu begegnen haben, die sich aus jener angeblich unvermeidlichen Überzeugung ergeben, daß die Kluft zwischen bloßer Erscheinung und Wirklichkeit unüberbrückbar sei: nämlich der ausdörrenden *Konvention,* der *Verzweiflung* und der *Lebenslüge.*

Aber diese Überzeugung *ist* nicht unvermeidlich. Sie kann heute nur noch beruhen auf Unkenntnis, Unverständnis oder Ablehnung der durch Rudolf Steiner begründeten Geisteswissenschaft, denn diese ist der Weg zur Überwindung dieser Kluft.

Und das hat *Rudolf Steiner* selbst auch bereits in diesem selben Jahre 1908 in einem Aufsatz ausgesprochen, der das Thema hatte ‹Über moderne naturwissenschaftliche Anschauungen›, den er mit den Worten schloß:

«Die Naturwissenschaft ist reif, die Früchte einer höheren Weltanschauung in Empfang zu nehmen. Und alles Sträuben wird ihr nichts nützen; sie wird den Bedürfnissen der sehnenden Menschenseele Rechnung tragen müssen.» [55]

Es hat in Wahrheit etwas Erschütterndes, wenn man gewahr wird, wie diese Bedürfnisse der sehnenden Menschenseele sich durchaus auch innerhalb des Vortrages von *Planck* selbst immer wieder zum Ausdruck bringen wollen, aber aus Furcht davor, die vermeintliche Objektivität der Wissenschaft aufzugeben, immer wieder zurückgeschoben und unterdrückt werden.

Der ganze Vortrag ist – man könnte wirklich sagen – durchpulst von der Frage, die *Planck* selbst an einer Stelle so formuliert: «Ist das physikalische Weltbild lediglich eine mehr oder minder willkürliche Schöpfung unseres Geistes, oder finden wir uns zu der gegenteiligen Auffassung getrieben, daß es reale, von uns ganz unabhängige Naturvorgänge widerspiegelt?» [56]

Er möchte diese letztere Frage mit ja beantworten, und

er tut es auch – aber dennoch, wie wir bereits gesehen haben, kommt er nicht zur Realität, sondern zu dem bloßen Nominalismus einer ‹realistischen Ausdrucksweise›. Er glaubt an die Realität der Welt, aber er vermag sie nicht zu fassen. Und so weist er denn auch in seinem Vortrage selbst ausdrücklich auf seinen Antipoden hin und hebt seinen diametralen Gegensatz zu ihm scharf hervor, nämlich zu *Ernst Mach*, von dem man in etwas paradoxer Redeweise sagen könnte: er greift zwar nach der Realität, wo sie zu greifen ist, aber er glaubt nicht an ihre Objektivität.

Planck kennzeichnet in seinem Vortrage die Machsche Auffassung folgendermaßen: Nach Mach «gibt es keine andere Realität als die eigenen Empfindungen ... Die Grenze zwischen Physischem und Psychischem ist lediglich eine praktische und konventionelle; die eigentlichen und einzigen Elemente der Welt sind die Empfindungen.»[57]

Nun hatte aber *Planck* gerade aufgezeigt, wie ich das vorhin angeführt habe, daß der ganze Entwicklungsgang der Physik bestimmt sei durch die fortlaufende Ausschaltung der anthropomorphen Elemente aus ihrem Weltbilde, speziell der Sinnesempfindungen. Und mit Bezug auf diese Behauptung *Machs*, die eigentlichen und einzigen Elemente der Welt seien die Empfindungen, muß *Planck* nun sagen: «Halten wir diesen letzten Satz mit dem zusammen, was wir unserer Überschau über den tatsächlichen Entwicklungsgang der Physik entnommen haben, so gelangen wir notwendig zu dem eigentümlichen Schluß, daß das charakteristische Merkmal dieser Entwicklung seinen Ausdruck findet in der fortschreitenden Eliminierung der eigentlichen Elemente der Welt aus dem physikalischen Weltbilde.»[58]

Und das, meint Planck, kann und darf doch nicht der Fall sein!

Es ist aber offenbar doch so! Denn wie soll man es sonst verstehen, wenn *Heisenberg* in seinem im Dezember 1955, also gerade eben erschienenen Buche ‹Das Naturbild der heutigen Physik› ausspricht, «daß wir die Bausteine der Materie, die ursprünglich als die letzte Realität gedacht waren, überhaupt nicht mehr *an sich* betrachten können, daß sie sich irgendeiner objektiven Festlegung in Raum und Zeit entziehen und daß wir im Grunde immer nur unsere Kenntnis dieser Teilchen zum Gegenstand der Wissenschaft machen können»?[59]

Wie sollen wir es verstehen, wenn *Heisenberg* sich gezwungen sieht, zu gestehen: «Auch in der Naturwissenschaft ist also der Gegenstand der Forschung nicht mehr die Natur *an sich*, sondern die der menschlichen Fragestellung ausgesetzte Natur, und insofern begegnet der Mensch auch hier wieder sich selbst.»[60]

Ist das nicht das umfassende Eingeständnis, daß die eigentlichen Elemente der Welt tatsächlich aus dem ‹Naturbild der heutigen Physik› – so lautet ja der Titel des Heisenbergschen Buches – endgültig eliminiert sind? Und ist dann dieser Titel noch etwas anderes als eine bloße realistische Ausdrucksweise? Ja, ist dann die Ausgestaltung des Naturbildes der heutigen Physik noch etwas anderes als die Auslöschung seiner selbst?

Auch die mathematischen Formeln bilden in der gegenwärtigen Physik nach *Heisenberg* nicht mehr die Natur, sondern unsere Kenntnis von der Natur ab, und insofern hat man, wie er sagt, «auf eine seit Jahrhunderten übliche Art der

Naturbeschreibung verzichtet, die noch vor wenigen Jahrzehnten als das selbstverständliche Ziel aller exakten Naturwissenschaft gegolten hätte».[61]

Ich möchte hinzufügen: Damit ist aber dennoch das Ziel der Naturwissenschaft immer noch das der Beschreibung geblieben, nur ist dieses Ziel nicht mehr die Beschreibung der Natur, sondern die Beschreibung der Beschreibung der Natur. Sie ist gewissermaßen noch um einen Grad indirekter geworden, und mir scheint nichts deutlicher als diese Tatsache darauf hinzuweisen, daß die Naturwissenschaft von ihrer Mitarbeit an der Ausgestaltung der Weltenschrift zur bloßen Beschreibung dieser Schrift übergegangen ist. Durch die Beschreibung einer Schrift gelangt man aber nicht zu ihrem Verständnis! Wenn man auch der Schrift gegenüber immer noch bei der bloßen Beschreibung stehen bleibt, so hat man sie eben noch gar nicht als Schrift erkannt; das Beschreiben der Schrift ist zwar notwendig, solange man lernt, sie zu gestalten, die Beschreibung dieser Beschreibung aber entspringt dem Mißverständnis des Charakters der Schrift. Auf den Bewußtseinsschauplatz des heutigen Menschen hat die Natur ihr Buch eingeschrieben, und die Geschichte der Entstehung dieses Buches ist eben zugleich die Geschichte der Naturwissenschaft; jetzt wartet es darauf, *gelesen* zu werden! Und dazu ist es erforderlich, Farbe und Form als die Elemente der Welten*sprache* zu erkennen, denn es gilt zu erfahren, was sich in dieser Schrift ausspricht. Mit anderen Worten: Die Entwicklung der Naturwissenschaft kennzeichnet deutlich genug den Gang der Bewußtseinsentwicklung, wie er bis an die Schwelle der geistigen Welt heranführen muß; das Entscheidende ist aber, daß der Mensch sie als solche bemerkt! Daß er diesen Gang und seine Richtung nicht für endgültig und für alle Zukunft für richtig hält, weil er bisher richtig war! Es gibt einen Punkt, in dem umgekehrt werden muß, in dem der Sinn geändert werden muß, weil die geistige Welt die *Innerlichkeit* der sinnlichen Außenwelt ist, wie es Goethe sagt mit dem Wort: «Der Kern der Natur ist Menschen im Herzen.»[62] Und dieser Punkt ist heute erreicht, an dem angefangen werden muß, das ernst zu nehmen.

Nun ist es gerade *Ernst Mach* gewesen, der schon in einem Vortrag auf der Naturforscher-Versammlung in Wien 1894 die Bedeutung des Begriffs der indirekten Beschreibung für die Physik besonders hervorgehoben hat. In diesem Vortrage versuchte er eine möglichst umfassende Sinngebung des Satzes durchzuführen, mit dem *Kirchhoff* 1874 die Aufgabe zunächst der Mechanik festgestellt hatte, nämlich «die in der Natur vor sich gehenden Bewegungen vollständig und auf die einfachste Weise zu beschreiben».[63]

Mach führte damals aus, die Physik lebe und wachse, wie jede andere Wissenschaft, durch die Vergleichung, und durch das Prinzip der Vergleichung gelange sie schließlich zu ihren theoretischen Ideen. Eine sprachliche Mitteilung über eine Tatsache nennt er eine direkte Beschreibung, jede Theorie oder theoretische Idee dagegen eine indirekte Beschreibung, da sie nicht auf Gegenständen oder Tatsachen unmittelbar fußt, sondern bereits Beschreibungen von Tatsachen oder gar Beschreibungen von Beschreibungen usw. in einer mehr oder weniger abstrakten, kurzen Zusammenfassung beschreibt. Demgemäß führt für *Mach* der Weg von der Theorie zur Wirklichkeit über das Aufsuchen immer direkterer Beschreibungen bis zu den unmittelbarsten Beschreibungen zurück, die aber fußen auf den unmittelbaren Sinnesempfindungen. Aber dieser Zusammenhang mit den Sinnesempfindungen darf nicht unterbrochen werden. Auch beim Messen müssen sich unsere Vorstellungen direkt auf Empfindungen stützen. In diesem Sinne sagt er, daß die Welt unsere Empfindung sei, oder daß die Empfindungen die Elemente der Welt seien. Körper oder Dinge dagegen sind nach ihm nichts anderes als Gedankensymbole für Gruppen von Empfindungen, Symbole, die außerhalb unseres Denkens nicht existieren. Aber auch das Ich ist für ihn bloß ein solcher Empfindungs- und Vorstellungskomplex. Und so spricht er denn aus: *«Ding und Ich sind provisorische Fiktionen.»* [64] *Mach* erzählt selbst, daß er zu dieser Überzeugung bereits als 17jähriger gelangt sei. Er schreibt darüber: «Ich empfand plötzlich die müßige Rolle, welche das Ding an sich spielt. An einem heiteren Sommertag im Freien erschien mir einmal die Welt samt meinem Ich als eine zusammenhängende Masse von Empfindungen, nur im Ich stärker zusammenhängend. Obgleich die eigentliche Reflexion sich erst später hinzugesellte, so ist doch *dieser Moment* für meine Anschauung bestimmend geworden.» [65]

Mach stützt also seine Weltanschauung auf ein einziges Grund-*Erlebnis*, aber er kommt nur zu einer subjektivierten Wirklichkeit.

Planck dagegen stützt seine ganze Weltanschauung auf einen einzigen *Gedanken*, den er in seinem berühmtesten Satz so ausgesprochen hat: «Was man messen kann, das existiert auch.» [66] Das ist aber *objektiv* falsch!

Denn alles, was man messen kann, sind Abstände, und Abstände existieren nicht; sie können nur *gedacht* werden.

Existieren kann nur, was Abstände *hat*! Und so muß man gerade sagen: Was man messen kann, das existiert *nicht*!

Daß aber auch für *Mach* der Ansatz, den er findet, dennoch nicht fruchtbar geworden ist, beruht darauf, daß er zwar von Empfindungen spricht, aber gar nicht Empfindungen meint, sondern nur die vorgefundenen Elemente der Sinnesempfindung: «Farben, Töne, Wärmen, Drücke, Räume, Zeiten usw.»[67] So weist er wohl auf den Weg zur Realität, aber er geht ihn nicht, weil er nicht das Bewußtsein entwikkeln konnte, das es ihm ermöglicht hätte, bewußt erlebend in die Empfindungen unterzutauchen, die sich an die Sinneswahrnehmungen anknüpfen. Um dieses Bewußtsein zu entwickeln, bedarf es der Geisteswissenschaft, und sie empfiehlt ihrem Schüler als ersten Schritt, dieses Untertauchen zu lernen, *das intensive Studium der Goetheschen Farbenlehre.*

Mach aber nimmt die Empfindung – also die Sinnesempfindung, die Sinneswahrnehmung – als das, was sie *ist*, für die Wirklichkeit, und nicht das, wovon sie auf ihre Weise *kündet.* Die Farbe ist ihm nicht, wie für Goethe, der Abglanz, *an* dem wir das Leben haben, sondern die Farbempfindung selbst, die Farbwahrnehmung selbst hält er bereits für ein Element der Wirklichkeit. Er ist in dem Falle wie jemand, der das Entstehen eines Gemäldes beobachten würde, während ein Maler daran malt, der sich durch eine Tarnkappe unsichtbar gemacht hätte (und das Wesen des Malers ist ja in der Tat immer unsichtbar), er sucht in den Farben die Elemente der Wirklichkeit und nicht Elemente der *Sprache* der Wirklichkeit. Und so muß sich ihm die wahre Wirklichkeit – nämlich die des *Wesens* – entziehen. Damit bleibt die Empfindung, wie Mach sie faßt, tatsächlich anthropomorph im Sinne Plancks, weil undurchschaut an die Bedingungen des Subjekts geknüpft, und seine Erfahrung der Wirklichkeit der Welt ermangelt der Objektivität.

Und so kann man sagen: *Planck*, auf dem Wege zur Objektivität der Welterkenntnis, ist im Begriffe, die *Wirklichkeit* der Individualität zu verlieren.

Mach, auf dem Wege zur Wirklichkeit der Welt, ist im Begriffe, die *Objektivität* des *Begriffes* der Individualität zu verlieren.

Planck mußte sagen: Nur *Gedanken*, von jeder Empfindung frei, können die *Objektivität* der Erkenntnis verbürgen; Mach mußte sagen: Nur subjektive *Empfindungen*, als subjektiv erlebbare Wahrnehmungen, sind die Elemente der *Wirklichkeit.*

Wir aber wollten zeigen: In den Farben und Formen *begegnen* sich Empfindungen und reine Gedanken unmittelbar auf demselben Plan, nämlich auf dem Schauplatz des menschlichen Bewußtseins, sie werden zu Elementen der Weltensprache, und im Vernehmen dieser Sprache durch das *Lesen* in Farben und Formen beginnt der individuelle Mensch bewußt erlebend *sich* mit dem *Wesen* der *Welt* in *Einheit* zu *verbinden.* –

Alle bloße Schau ist Theorie. Von der Theorie zur Wirklichkeit kommt man durch inneres Hören des Geschauten. Und wenn man in diesem Hören zu verstehen beginnt, was man schaut, so wird es zum Wort. Wie einst der Finger Gottes von außen her in *Formen* auf die steinernen Gesetzestafeln des Moses *zeichnete*, so hat in die Gegenwart herein die Hand der Natur von innen her in *Farben* auf den Schauplatz des menschlichen Bewußtseins *gemalt*, und hier wird das Siegel bewahrt, in dem die *Welt sich selbst begegnet, wenn* der Mensch es erkennt.

Das enthält schon das Wort der Kabbala: «Was bedeuten die Worte: eingegraben auf Tafeln? – Es heißt nicht ‹eingegraben›, sondern ‹Freiheit›. Freiheit vom Engel des Todes, Freiheit von der Knechtschaft der Reiche, Freiheit von allem. Und was ist Freiheit? Das Siegel der künftigen Welt, welche jede Art der Freiheit *in* sich trägt.» [68]

Und so darf ich schließen mit den folgenden Zeilen des Persers Dschelaleddin Rumi aus dem 13. Jahrhundert: [69]

«Wird eine Flamme nur den Docht der Lampe finden,
wird jeder deren Schein erstaunend sehn.
Und würde Lampe dann an Lampe zünden
ihr Licht, bis ihrer hundert brennend stehn,
so spiegelt sich in deiner Augen Gründen
das erste Feuer doch. Dein Licht – sei's Lehn
der Lampe auch, vom letzten Heiligen gehütet,
entstammt der Flamme, die das *Wort* dir bietet.»

Wissenschaft und Wirklichkeit

Das Verhältnis der Naturwissenschaft zur Wirklichkeit der Natur

Haben Sie genaue Zeit?

Wenn Sie jetzt auf Ihre Uhr schauen und sagen: Es ist 8 Uhr 15, so haben Sie mir eine Angabe über die räumliche Lage Ihres Uhrzeigers gemacht. Aber haben Sie genaue *Zeit?*

Nun ja, werden Sie vielleicht sagen, ich habe eine genau gehende Uhr, und sie zeigt mir in jedem Augenblick genau an, wie spät es ist. Was heißt das: wie spät es ist? – Nun, die Erde dreht sich einmal in 24 Stunden um sich selbst. Eine Stunde dauert den 24. Teil einer Erdumdrehung. In diesem 24. Teil ihrer Umdrehung dreht sich der große Zeiger meiner Uhr einmal herum. Der Weg, den er dabei zurücklegt, ist noch einmal in 60 gleiche Teile geteilt, usw. – Ich weiß also jeweils, wie weit die Erde sich gedreht hat. Und wenn ich jetzt frage, wie lange braucht denn die Erde, um sich einmal um sich selbst zu drehen, und Sie antworten mir: 24 Stunden, so heißt das: die Erde braucht, um sich einmal um sich selbst zu drehen, 24 mal so lange, als sie braucht, sich um den 24. Teil zu drehen, wenn ich die Gleichmäßigkeit ihrer Bewegung voraussetze. Das ist aber eine Tautologie, das heißt, sie braucht so lange, wie sie braucht, und damit ist über die Zeit überhaupt nichts ausgesagt. Wenn ich Sie also frage, ob Sie genaue Zeit haben, so nützt Ihnen Ihre genaue Uhr gar nichts. Ich weiß nur, daß der Uhrzeiger in einem bestimmten Verhältnis mit der Bewegung der Erde geht; ob er mit der Zeit geht, darüber weiß ich nichts.

Denken Sie sich, Ihre Uhr steht. Dann besteht doch Ihre Uhr in der Zeit fort! Oder besteht sie dann nur im Raume, außerhalb der Zeit? Aber die Stühle, auf denen Sie sitzen, haben doch gestern und vorgestern auch schon bestanden, – eine ganze Zeit schon. Alles, was im Raume ist, besteht in der Zeit, wenn es so bleibt, wie es ist. Sie auch. – Wenn nun der Zeiger Ihrer Uhr genau so schnell sich bewegen sollte gegenüber seinem Umkreis, wie der Strom der Zeit im Verhältnis zu Ihnen sich bewegt, so müßte er also still stehen. Dann würde er sich nicht mehr in der Zeit bewegen, aber doch genau mit der Geschwindigkeit der Zeit gehen. Sie würden daher, so scheint es, gerade immer genaue Zeit haben, wenn Ihre Uhr still stehen würde. Aber Sie haben dann doch nicht genaue Zeit, Sie haben nur die Zeit fest-gestellt, und die Zeit steht nicht fest, sondern sie vergeht, sie fließt. *Sie* sitzen also fest. Oder nicht? Nein, doch nicht ganz. Denn Sie leben ja in der Zeit, Sie fließen also mit. Aber innerhalb dieses Zeitenstromes sitzen Sie fest.

Jedenfalls brauchen Sie gar keine Uhr, um die Zeit fest zu stellen. Jeder Knopf, der so bleibt, wie er ist, oder irgend etwas, was sich nicht verändert, bleibt damit eben genau in der Zeit; und alles, was sich verändert, bewegt sich mit einer Geschwindigkeit, die eine andere ist, als die der Zeit, das heißt, es entsteht oder vergeht innerhalb der Zeit.

Wir leben also mit der Zeit, aber gerade darum wissen

wir nicht, was sie ist. In der Zeit aber die Zeit messen zu wollen, ohne daß man sie kennt, ist dasselbe, wie im allseitig geschlossenen Boot die Geschwindigkeit des Stromes messen zu wollen, auf dem das Boot schwimmt.

Aber bewegt *sich* denn die Zeit überhaupt? Wie, wenn die Zeit nicht sich, sondern etwas anderes bewegte? Wenn sie das Bewegende wäre? Wenn sie dasjenige wäre, was die Bewegung bewirkt, das Wirkende, die Wirklichkeit? – Wenn wir von einem Fluß, von einem Strom in der Außenwelt sprechen, so hat er ein Gefälle, und sein Strömen wird durch die Erdanziehung bewirkt. Der Zeitenstrom hat aber kein Gefälle, denn er hat keinen Boden, kein Bett, sondern er *ist* das strömende Bett, das alles, was ist, und uns alle trägt. Wenn es einen Zeitenstrom gibt, so muß er dauernd erzeugt werden, sein Quell muß ein wahrer Urquell sein.

Nun bitte ich Sie, einmal zu überlegen, was wir hier eigentlich durchführen. Es ist doch der Versuch, eine Vorstellung von der absoluten Zeit zu gewinnen. Ich stehe aber in dieser Zeit darinnen, und das, worin ich stehe, kann ich nicht vor mich stellen. Was ich vor mir haben kann, hat notwendig räumlichen Charakter. Mit jedem Versuch, mir die Zeit vorzustellen, mache ich die Zeit zu einem räumlichen Vorgang, ja, zu einem räumlichen Bilde. Ich kann mir also die Zeit als Zeit nicht vorstellen, ich kann die Zeit nicht gegenüber haben. Die Zeit kann nicht Gegenstand sein. Was ich mir von der Zeit vorstelle, ist nur Bild von ihr, niemals ihre Wirklichkeit. Die Wirklichkeit der Zeit ist Gegen*wart*, nicht Gegen*stand*. Alle Vergangenheit ist Bild, alle Zukunft ist Keim, die Gegenwart, das ‹Jetzt›, ist wirkliche Zeit. In der Zeit leben heißt *warten* auf das Entgegenkommende, auf das Zusammentreffen von Vergangenheit und Zukunft, und auf das Zusammentreffen von Gegen*stand* und Gegen*wart*.

Ein Welt*bild* – das ja notwendig eine Fläche sein muß, denn es steht mir im Raume oder in der Vorstellung gegenüber – kann daher niemals die Wirklichkeit enthalten, weil es die Zeit nicht enthält, es kann nur bildliche Aussagen über die Zeit enthalten. Wenn ich aber von einem Bilde aus den Weg in die Wirklichkeit oder zur Wirklichkeit finden will, so muß ich die Begegnung von Raum und Zeit, von Gegenstand und Gegenwart auffinden können, ich muß den Punkt aufsuchen, an dem die Zeit zum Raume, oder der Raum zur Zeit wird. *Allein* dieser Punkt kann mir den Zusammenhang von Bild und Wirklichkeit gewährleisten.

Man kann sagen, es ist *der* Punkt, in dem sich ‹Hier› und ‹Jetzt› im ‹Dies› begegnen. ‹Dies›, d.i. die Begegnung, die Tatsache.

Nun gibt es ein Buch von *Lincoln Barnett*, zu dem *Albert Einstein* 1948 ein Vorwort geschrieben hat, in dem er ausdrücklich betont, daß in diesem Buche «die Grundgedanken der Relativitätstheorie vorzüglich zur Kenntnis gebracht»[70] sind.

Lincoln Barnett schreibt darin:

«Die Relativitätstheorie lehrt uns: es *gibt* nichts derartiges wie ein festes, von einem Bezugssystem unabhängiges Zeitintervall. Es gibt in der Tat nicht einmal so etwas wie Gleichzeitigkeit; es gibt kein *‹Jetzt›* außer Beziehung zu einem System.»[71]

Und an anderer Stelle heißt es:

«Zunächst muß man sich klarmachen, daß der Physiker, der Naturgesetze objektiv zu beschreiben hat, *subjektive*

Ausdrücke, wie ‹dies›, ‹hier› und ‹jetzt› nicht verwenden darf.»[72]

Dazu ist zu sagen: «subjektive Ausdrücke» sind ja natürlich alle Ausdrücke, die wir gebrauchen. Das ist hier nicht gemeint. Sondern hier ist gemeint: das *Dies, Hier* und *Jetzt* sind Ausdrücke, die *nur* subjektive Erlebnisse bezeichnen, denen in dem Weltbild,mit dem es die Physik zu tun hat, nichts objektiv entspricht. – Und das ist sogar wahr! – Damit hat sich aber das Weltbild der Physik endgültig von der Wirklichkeit abgelöst, sie hat sich mit diesem Weltbild den Zusammenhang mit der Wirklichkeit selbst völlig abgeschnitten. Der Physiker des 20. Jahrhunderts kann – so drückt es Barnett aus – «in der abstrakten Sprache der Mathematik schildern, wie die Dinge» (d. h. die Bestandteile der Materie) «sich *verhalten*, obwohl er nicht weiß – oder nicht zu wissen braucht –, was sie *sind*.»[73]

Das Ziel des praktisch arbeitenden Physikers besteht nach ihm darin, «die Naturgesetze in immer genaueren mathematischen Begriffen auszudrücken».[74] –

Aber das ist auch dem Physiker im Grunde nur das *Mittel*, um schließlich *doch* in die Wirklichkeit einzudringen! Die ganze Naturwissenschaft ist doch ins Leben gerufen durch die Sehnsucht des Menschen nach Naturerkenntnis, nach Erkenntnis der wahren Wirklichkeit, die er in der Natur zu erforschen unternahm! Man muß sich nur einmal klar machen, was das heißt: gezwungen zu werden zu der Einsicht, auf dem Wege, auf dem man sich Jahrhunderte hindurch dem ersehnten Ziele der Erkenntnis der Wirklichkeit zu *nähern* strebte, sich immer weiter von ihm zu *entfernen*, ja, seine Erreichung endgültig aufgeben zu müssen! Aber solche Bekenntnisse von den bedeutendsten Naturforschern der Gegenwart sind ja heute *da!* Und nichts vermag im Grunde den Charakter der gegenwärtigen Menschheitssituation deutlicher zu kennzeichnen als diese Tatsache.

Es hat in Wahrheit etwas Erschütterndes, zu verfolgen, wie z. B. noch der große Naturforscher *Max Planck* immer wieder betonte, daß die vollständige Erkenntnis der realen Welt als Ziel der Naturforschung grundsätzlich unerreichbar bleiben wird – wie er aber dennoch unentwegt an diesem Ziele festhält! «Auch für die Physik» – so sagte er einmal – «gilt der Satz, daß man nicht selig wird ohne den Glauben, zum mindesten den Glauben an eine gewisse Realität außer uns.»[75] Und er hielt unerbittlich fest an der Überzeugung, wie er es 1909 einmal ausdrückte: «daß die mit der fortschreitenden Vervollkommnung zugleich fortschreitende Abkehr des physikalischen Weltbildes von der Sinnenwelt nichts anderes bedeutet als eine fortschreitende Annäherung an die *reale* Welt».[76] Wer die Entwicklung der Naturwissenschaft kennt, kann gar nicht anders, als in dem Walten dieser Überzeugung ihre eigentliche Triebkraft vermuten. Auch *Albert Einstein* war noch zutiefst von ihr beseelt. «Ich kann nicht glauben» – so rief er einmal aus –, «daß Gott mit der Welt Würfel spielt!»[77] Barnett sagt von ihm in seinem Buch über Einstein: «Er glaubt an ein Weltall der Ordnung und der Harmonie. Und er glaubt auch, daß der suchende Mensch doch noch eine Erkenntnis der eigentlichen Wirklichkeit erlangen wird.»[78] – Diesem Ziele sollte auch die Relativitätstheorie dienen.

Das alles muß man berücksichtigen, wenn man ermessen will, was es bedeutet und wie es wirken mußte, wenn im Jahre 1908 *Rudolf Steiner* unumwunden den Satz aussprach:

«Wer das Naturerkennen durchschaut, der findet bei

innerer Unbefangenheit, daß es eine Täuschung ist, wenn man glaubt, man ergreife in demselben die wahre Wirklichkeit.»[79]

Man muß sich vergegenwärtigen, daß Naturwissenschaft damals für den modernen Menschen ja nicht nur Naturwissenschaft war, sondern geradezu zum Ideal, zum Vorbild aller Wissenschaften, auch der Philosophie und damit auch des allgemeinen Denkens wurde, was sie ja im Grunde genommen auch heute noch ist. Und so konnte dieser Satz entweder zunächst nur wirken wie eine Äußerung eines gar nicht ernst zu nehmenden Dilettantismus, oder er mußte empfunden werden als eine ungeheure Herausforderung. Dieser Satz ist enthalten in der Schrift *Philosophie und Anthroposophie,* die eine Wiedergabe eines Vortrages von 1908, in Stuttgart gehalten, darstellt. Im Verfolg derselben heißt es dann weiter:

«*Gesund* ist ein inneres Erleben, das Naturerkenntnis zwar mit allen dazu geeigneten Kräften anstrebt, aber in demselben zugleich empfindet: es *nähere* sich mit demselben nicht der wahren Wirklichkeit, sondern es *entferne* sich mit ihm von derselben. Man muß dieses an den *Ergebnissen* der Naturerkenntnis erleben. Man muß es diesen ansehen, daß sie sich keinem Begreifen, keinem Erfühlen ergeben. Und man wird dann dazu gelangen, sich zu sagen: es ist gar nicht in Wahrheit so, daß der Mensch Naturerkenntnis anstrebt, um der Wirklichkeit nahe zu kommen; er glaubt dies zunächst in seinem Bewußtsein; doch der unbewußte Urquell dieses Strebens muß eine ganz andere Bedeutung haben. Er wird gewiß für das Menschenleben eine Bedeutung haben. Sie muß gesucht werden.

Erkenntnis der *wahren Wirklichkeit aber kann nicht Naturerkenntnis sein.*» [80]

So weit Rudolf Steiner.

Heute, 49 Jahre nachdem dieser Vortrag gehalten wurde, liegt eine andere Situation vor. Heute klingt uns dieses Bekenntnis aus dem Lager der Naturwissenschaft selbst herüber.

Dafür einige Zeugnisse:

Lincoln Barnett schreibt (1948): «Das Ziel der aristotelischen Naturwissenschaft war: zu erklären, *warum* die Dinge passieren. – Die moderne Naturwissenschaft trat ins Leben, als Galilei zu erklären versuchte, *wie* die Dinge passieren, und damit die Methode des kontrollierten Experiments einführte, die heutzutage die Grundlage naturwissenschaftlicher Forschung bildet ... Die Gewißheit, daß die Wissenschaft immer imstande sei, das *Wie* der Dinge zu erklären, begann vor etwa 20 Jahren zu verblassen. Und heute stehen wir vor der Frage, ob der Physiker überhaupt mit der Wirklichkeit in Kontakt ist – *es überhaupt je sein kann.*» [81]

1953 formuliert *Heisenberg*: «... daß wir die Bausteine der Materie, die ursprünglich als die letzte objektive Realität gedacht waren, überhaupt nicht mehr ‹an sich› betrachen können, daß sie sich irgendeiner objektiven Festlegung in Raum und Zeit entziehen, und daß wir im Grunde immer nur *unsere Kenntnis* dieser Teilchen zum Gegenstand der Wissenschaft machen können. ... Die mathematischen Formeln bilden dabei allerdings nicht mehr die Natur, sondern *unsere Kenntnis* von der Natur ab, und insofern hat man auf eine seit Jahrhunderten übliche Art der Naturbeschreibung verzichtet, die noch vor wenigen Jahrzehnten als das selbstverständliche Ziel aller exakten Naturwissenschaft gegolten hätte ... Das naturwissenschaftliche Weltbild hört damit auf, ein eigentlich naturwissenschaftliches zu sein. ... Auch in der Naturwissenschaft ist also der Gegenstand der Forschung nicht mehr die Natur an sich, sondern die der menschlichen Fragestellung ausgesetzte Natur, und insofern *begegnet der Mensch auch hier wieder sich selbst.*»[82]

Schrödinger, am Schluß seines Buches ‹Die Natur und die Griechen›, 1956, sagt, «daß wir uns zum Zwecke der Gestaltung eines verständlichen Bildes der Außenwelt die außerordentliche Vereinfachung erlaubt haben, von unserer eigenen Person abzusehen, sie sozusagen herauszuschneiden. Da ist sie denn dahin, hat sich verflüchtigt, erscheint überflüssig. ... *Woher komme ich und wohin gehe ich?* Das ist die große, unergründliche Frage, dieselbe für jeden einzelnen von uns. *Die Naturwissenschaft weiß keine Antwort darauf.* Dennoch ist sie heute das Beste, was wir an sicherem, widerspruchslosem Wissen haben erreichen können.»[83]

Diese drei Zeugnisse mögen genügen. Was sie aussagen, *ist enthalten* in jenem angeführten Satz Rudolf Steiners: «Erkenntnis der wahren Wirklichkeit kann nicht Naturerkenntnis sein.» Aber mehr noch. Wer diese Zeugnisse unbefangen auf sich wirken lassen kann, der wird zugeben, daß man durch sie hindurch etwas wie eine Aufforderung, wie einen Ruf verspüren kann. *Plutarch* läßt in seiner Schrift ‹Über das E in Delphi› den Ammonios sagen: «Der *Gott* ruft jedem von uns, die wir hierher kommen, gleichsam als Gruß, das ‹Erkenne dich selbst› entgegen.»[84] – Könnte man nicht sagen, wenn wir uns an *die Stelle* begeben, wo die Naturwissenschaft heute steht, wie es jene Zeugnisse aussagen: Die *Natur* ruft jedem von uns, die wir hierher kommen, gleichsam als Gruß, das «Erkenne dich selbst» entgegen? – Es ist ein altes Mysterienwort, aber es dringt *von der anderen Seite* an den Menschen heran als in den alten Zeiten, es ist der Ruf nach der Erneuerung der Mysterien.

Und so fährt denn Rudolf Steiner unmittelbar fort nach dem Satze: Erkenntnis der wahren Wirklichkeit aber kann nicht Naturerkenntnis sein:

«Ein Wendepunkt des Seelenlebens kann diese Einsicht werden. Man erkennt durch innere Erfahrung, daß man habe der Naturerkenntnis nachgehen *müssen*; daß aber diese nicht geben *kann*, was man sich im eifrigen Suchen nach ihr von ihr versprochen hat. Wahre, erlebte Einsicht in das Naturerkennen bringt zuletzt dem Menschen *diese* Erkenntnis. Er hört dann auf, zu glauben, daß ihm jemals Erkenntnis des Menschenwesens durch einen, wenn auch noch so vollkommenen Ausbau der Naturwissenschaft werden kann. Wer zu dieser Einsicht nicht gelangt ist, wer noch hoffen kann, das Ideal naturwissenschaftlicher Erkenntnis könne den Menschen über sein eigenes Wesen aufklären, der ist eben noch nicht weit genug vorgedrungen in den Erlebnissen, die man mit der Naturerkenntnis haben kann.» [85]

Ist er aber weit genug vorgedrungen, hat er wirklich jene Einsicht errungen, die zu einem Wendepunkt des Seelenlebens werden kann, so steht er heute damit am Ausgangspunkte des Weges der Geisteswissenschaft, wie sie von Rudolf Steiner begründet worden ist. Ob er diesen Weg betreten wird, das heißt, ob er jene Wende des Seelenlebens wirklich vollzieht, wird von dem Grade der Selbstlosigkeit abhängen, zu dem ihn die Naturwissenschaft heranzuerziehen vermochte. Denn die Selbstsucht wird ihn zunächst mächtig bedrängen, diesen Punkt zu fliehen und sich – in tiefem Entsetzen über die Enttäuschung, welche die Naturwissenschaft ihm bereitet – einer irgendwie gearteten Mystik in die Arme zu stürzen. Es ist nicht so leicht, für Enttäuschungen dankbar zu sein. Und doch liegt vielleicht die höchste Würde der Naturwissenschaft in ihrer Aufgabe, uns zu ent-täuschen, d. h. uns von der Täuschung zu befreien.

Die Geisteswissenschaft geht den *umgekehrten* Weg wie die Naturwissenschaft, aber man findet ihn erst in Wahrheit, wenn man wirklich genau an *dem* Punkte *umkehrt*, der eben gekennzeichnet worden ist. Er liegt genau auf der Grenzfläche zwischen Außenwelt und Innenwelt; sie ist keine andere als die Grenze zwischen Wahrnehmung und Vorstellung, auf deren Bestimmung Rudolf Steiner nicht umsonst so großen Wert gelegt hat. Die Naturwissenschaft ging den Weg nach außen, bis an diese Grenzfläche heran – diese Grenze ist zugleich die Grenze der Naturerkenntnis –, und *auf* dieser Grenzfläche hat sie das moderne ‹naturwissenschaftliche Weltbild› entworfen. Die Geisteswissenschaft geht von dem Berühren und Gewahrwerden dieser Grenze aus den Weg nach innen. Sie geht den Weg, von dem *Novalis* einmal sagt: «Ist denn das Weltall nicht *in* uns? Die Tiefen unseres Geistes kennen wir nicht. *Nach innen* geht der geheimnisvolle Weg.» [86]

Aber wohlgemerkt: in die Tiefen unseres *Geistes!*

Es handelt sich um *Geistes*wissenschaft! Wenn nun unser Geist Tiefe hat, so hat er auch eine Oberfläche, und was vom Geiste an diese Oberfläche herantritt, das sind unsere *Gedanken*, die ihren reinsten Ausdruck in der *Mathematik* finden. Die *Naturwissenschaft* wendet die Gedanken auf die Außenwelt an: sie beschreibt die Naturgesetze in mathematischen Formeln. Aber sie kennt die *Natur des Denkens* nicht.

Geisteswissenschaft dagegen erweckt ein *erlebendes Bewußtsein* für das, was wir *tun, wenn* wir denken, das heißt: ein Wahrnehmungsvermögen für geistige Wirklichkeit.

Ein solches erst zu erweckendes Wahrnehmungsvermögen brauchen wir z. B. schon, wenn wir eine *Form* wahrnehmen wollen. Denn eine Form, eine Linie, soweit sie reine Form ist, werden wir als solche nur dadurch gewahr, daß wir sie *in Gedanken ziehen.* Und so fängt denn alle Geisteswissenschaft mit der *Gedankenbeobachtung* an. Sie ist zunächst – so könnte man wiederum mit Novalis sagen – Experimentalphysik des Gemüts, wobei Novalis dann in Klammern hinzufügt: «Gedanken sind vom Ich durchdrungene, angeschaute Bewegungen und Aktionen.»[87] Daher trägt die ‹Philosophie der Freiheit› von Rudolf Steiner das Motto: «Seelische Beobachtungsresultate nach naturwissenschaftlicher Methode». Das *Feld*, auf dem die Geisteswissenschaft ihre Beobachtungen beginnt, ist der *Schauplatz des menschlichen Bewußtseins*, auf dem die Gedanken auftreten und auf dem wir ihre Spuren als Formen gewahr werden. Dazu ist es aber nötig, daß *wir* uns *über* diesen Schauplatz erheben, denn wovon wir keinen *Abstand* haben, das können wir nicht beobachten. Um wirklich deutlich zu machen, um was es sich dabei handelt, möchte ich Ihre Aufmerksamkeit auf eine Überlegung lenken, die *Helmholtz* einmal durchgeführt hat, um die Denkbarkeit n-dimensionaler Räume darzutun, also von Räumen von mehr als drei Dimensionen.

Er sagte: «Denken wir uns – darin liegt keine logische

Unmöglichkeit – verstandbegabte Wesen von nur zwei Dimensionen, die an der Oberfläche irgendeines unserer festen Körper leben, und sich bewegen. Wir nehmen an, daß sie nicht die Fähigkeit haben, irgendetwas außerhalb dieser Oberfläche wahrzunehmen, wohl aber Wahrnehmungen zu machen, ähnlich den unsrigen, innerhalb der Ausdehnung der Fläche, in der sie sich bewegen. Wenn sich solche Wesen ihre Geometrie ausbilden, so würden sie ihrem Raum natürlich nur zwei Dimensionen zuschreiben. Sie würden ermitteln, daß ein Punkt, der sich bewegt, eine Linie beschreibt, und eine Linie, die sich bewegt, eine Fläche, was für sie das vollständigste Raumgebilde wäre, das sie kennen. Aber sie würden sich ebensowenig eine Vorstellung machen können von einem weiteren räumlichen Gebilde, das entstände, wenn eine Fläche sich aus ihrem flächenhaften Raume herausbewegte, als wir es können von einem Gebilde, das durch Herausbewegung eines Körpers aus dem uns bekannten Raume entstände.»[88]

Ich habe diese Sätze von Helmholtz hier deswegen angeführt, weil sie im Grunde eine Beschreibung von demjenigen enthalten, was auf dem Bewußtseinsschauplatz des Naturforschers vorgeht, wenn er seine Beobachtung nur auf die sinnlich wahrnehmbaren Vorgänge in der Außenwelt richtet. Dann nämlich liegt der Punkt, von dem aus er diese Beobachtungen anstellt, selbst in der Fläche dieses Bewußtseinsschauplatzes, und wenn er eine Reihe von Beobachtungen anstellt, so gleitet in der Tat ein solches Flächenwesen mit seinem Gesichtspunkt gleichsam innerhalb der Fläche des Bewußtseinsschauplatzes hin und her, um zwischen den einzelnen Beobachtungen formale Beziehungen zu knüpfen.

Die Beobachtungs*inhalte* müssen aber woanders herstammen, als aus der Fläche, in der sich jene zweidimensionalen Wesen bewegen sollen. Ein Wesen, das als Fläche in einer Fläche lebt und sich bewegt – bitte, wie sollte es das wohl machen? –, kann von dieser Fläche gar nichts beobachten noch ermitteln, und wenn es auch noch so verstandbegabt wäre, weil alle Beobachtung sich auf eine *gegenüber* liegende Fläche richten muß. Es ist ja sonst ganz gut, wenn man ‹im Bilde› ist, aber wenn man immer nur im Bilde ist, kann man von dem Bilde jedenfalls nichts mehr sehen. Das gilt nun eben auch für das Gewahrwerden der Gedanken auf dem Schauplatz unseres Bewußtseins. Und das ist bereits eine *geisteswissenschaftliche* Erkenntnis, die Rudolf Steiner einmal folgendermaßen formuliert:

«Unser Denken ist, besonders wenn man seine Form als individuelle Tätigkeit innerhalb unseres Bewußtseins ins Auge faßt, *Betrachtung*, d. h. es richtet den Blick nach außen, auf ein *Gegenüberstehendes.* Dabei bleibt es zunächst als Tätigkeit stehen. Es würde ins Leere, ins Nichts blicken, wenn sich ihm nicht etwas gegenüberstellte.

Dieser Form der Gegenüberstellung muß sich alles fügen, was Gegenstand unseres Wissens werden soll.»[89]

Nun kann ich zwar nicht dem *Denken als Tätigkeit* gegenüberstehen, wenn ich denke, wohl aber den *Gedanken*, die ich denke, und die das Resultat dieser Tätigkeit sind. Sie sind es, bei denen meine Tätigkeit stehen bleibt. *Wenn ich denke, stehe ich in der Tätigkeit meines Denkens genauso darinnen, wie ich im Strome der Zeit stehe, wenn ich lebe.* Das Denken kann ich als Tätigkeit genau so wenig gegenüber haben, wie die Zeit. Aber daß das Denken *Tätigkeit* ist, kann ich *bewußt erleben*, und zwar gerade dann, wenn die Gedanken, die ich denke, auf den ‹Schauplatz meines Bewußtseins› auftreten, denn dieser ist es, den ich ‹gegenüber› habe, auf den das Denken, das Betrachtung ist, den Blick richtet. Das Denken spielt sich also nicht auf dem Schauplatz meines Bewußtseins ab, sondern *zwischen* mir und dem Schauplatz meines Bewußtseins, es steht als *Tätigkeit* gewissermaßen *senkrecht* auf der Fläche des Bewußtseinsschauplatzes und zeichnet auf ihr die Spuren seiner Tätigkeit ein. Und diese Spuren können dann der Gegenstand meines Wissens werden. *Sie* habe ich im *Raume vor* mir, nämlich auf der Grenze des Zwischenraumes zwischen mir und dem, was ich gegenüber habe – anschauen, betrachten *tue* ich sie im Denken, das heißt, in der Zeit, und zwar in derselben Zeit, in der ich *bin*. Das heißt aber, im Denken ist mir die Möglichkeit gegeben, Raum und Zeit *von innen* zu *erleben.*

Benutzen wir noch einmal eine Formulierung *Lincoln Barnetts.* Er sagt einmal:

«Wenn man vom menschlichen Bewußtsein absieht, ‹*geschieht*› das Universum – die objektive Realität – gar nicht; es existiert bloß. Nur ein allumfassender Geist könnte diese Realität als Ganzes überblicken; aber der Mathematiker vermag sie immerhin symbolisch: als ein vierdimensionales Raum-Zeit-Kontinuum darzustellen.»[90] – Das heißt doch, man beschreibt das Universum – oder die objektive Realität – so, *als ob* sie ein Raum-Zeit-Kontinuum wäre, und in der Tat ist im Grunde genommen ja ‹Relativitätstheorie› nur ein anderes Wort für ‹Als-Ob-Philosophie›, von der Viktor von Weizsäcker einmal das köstliche Wort sagte: «Als ob dies Philosophie wäre; als ob eine Als-Ob-Philosophie mehr tun könnte, als so zu tun, als ob sie Wissenschaft wäre!»[91]

Also, die ‹objektive Realität›, das Universum, es ‹*geschieht*› nicht, haben wir gehört. Es existiert bloß. Nun stellen Sie sich bitte einmal vor, dieser Bau hier, die Kunsthalle, würde 14 Tage geschlossen. Alle Menschen, die sonst darin tätig sind, hätten Ferien. Niemand wäre im Haus. Und nach 14 Tagen würde man alles genau so vorfinden, wie man es verlassen hatte. Wäre dann innerhalb dieses Baues nichts geschehen? Also bitte: Wir nehmen an, es ist wirklich alles so geblieben, wie es war. Sagen wir meinetwegen: Der Bau hat bloß existiert. Ist dann wirklich innerhalb des Baues nichts geschehen? Nun, zum mindesten ist dies geschehen: die Wände, die Pfeiler, die Säulen haben die Lasten, die auf ihnen ruhen, *getragen!* Wenn eine Säule eine Last trägt, so ist das Tragen ein Geschehen, eine Tätigkeit. Wer trägt die Last? Die Säule. Sie *tut* das! Genau so, wie Sie etwas tun, wenn Sie eine Last tragen! Und wenn Sie eine Last tragen, so erfahren Sie von innen, was die Säule tut, wenn sie eine Last trägt. In der bloßen Anschauung der Säule wissen wir nichts von ihrer Tätigkeit, von dem, was sie bewirkt, von ihrer Wirklichkeit, weil sie es in *der* Zeit tut, von deren Wirklichkeit Sie auch nichts wissen, weil Sie sie nicht *gegenüber* haben können. Aber Sie haben sie *in* sich, denn die Zeit trägt Sie durchs Leben!

Sie ist es, die Sie aufrichtet, die Sie trägt, und diese Aufrichtekraft steht senkrecht auf allen Grenzen des Raumes, der Sie umgibt; radial aus dem Mittelpunkt der Erde wirkt sie herauf, mitten durch Sie hindurch, und wenn Sie emporschauen, setzt sie sich in Ihrem Sehen fort, bis sie die Kuppel des Himmelsgewölbes, des Sternenhimmels berührt, auf der sie senkrecht steht. Das ist zwar bildlich gesprochen, aber ich denke, Sie können sich in dieses Bild hineinleben, um zu erfahren, daß es wirklichkeitsgemäß ist.

Aber weiter: Sie selbst können tätig sein im Einklang mit der Wirklichkeit, mit der Wirksamkeit der Zeit, die *das Bleibende* bewirkt, indem Sie selbst ein in der Zeit Bleibendes bewirken, nämlich, wenn Sie einen *Ton* hervorbringen. Er wird solange gehört, als Sie ihn hervorbringen, er besteht in der Zeit und mit der Zeit. Auch er wirkt radial aus dem Mittelpunkte heraus, in dem er erzeugt wird, und er stößt senkrecht an die sphärischen Grenzen des Raumes um diesen Mittelpunkt herum. Indem Sie einen bleibenden Ton hervorbringen, schaffen Sie im Einklang, in Übereinstimmung mit der Zeit. Und ich darf Sie an den Hinweis Rudolf Steiners erinnern, von dem auf dieser Tagung schon gesprochen worden ist: Orpheus hatte das Geheimnis, wie der Mensch sich mit allen Dingen der Welt eins fühlen lernt. Dieses Geheimnis nannte man das Tao.

Das Zeichen dafür war dieses: ‹T›. Orpheus kannte das Geheimnis, das damit bezeichnet war, Orpheus, von dem, wie Sie gehört haben[92], der Satz stammt: «Ich bin geschaffen, aber ich muß schaffen!» Es ist das Zeichen für die Begegnung von Raum und Zeit: der rechte Winkel.

Und noch ein Drittes: wohl *können* Sie einen Ton hervorbringen, der in der Zeit so lange besteht, als er erzeugt wird, aber Sie wissen nicht, wie Sie das machen! Aber Sie können noch etwas hervorbringen, was in der Zeit besteht, was *bleibt*, nämlich im Denken: wenn Sie aus dem Denken heraus ein Bild gestalten, das nicht ein bloßes Abbild einer sinnlichen Wahrnehmung, eines von außen aufgenommenen Bildes ist, sondern das Sie selbst ganz aus dem Innern auf dem

Schauplatz Ihres Bewußtseins entwerfen. Sie haben dann eine Vorstellung gebildet, die das ausdrückt, was Sie sich gedacht haben, und Sie *wissen, wie sie zustandekommt*, denn Sie sind mit Ihrem *Bewußtsein dabei*, wenn Sie sie bilden. Wenn Sie nun diese Vorstellung *festhalten*, so besteht, *bleibt* auch sie in der Zeit, aber auch sie bleibt nur, weil Sie sie dauernd, in derselben Zeit, d. h. durch dieselbe Tätigkeit, durch die alles andere, was bleibt, auch besteht, dauernd hervorbringen. Sie bringen zwar nichts Wirkliches hervor, sondern eben nur eine Vorstellung, ein Bild, aber das *Hervorbringen* ist wirkliche Tätigkeit, ist *Wirklichkeit*, und zugleich *bewußt erlebte* Wirklichkeit. Und von da aus führt Anthroposophie durch fortgesetzte Bewußtseinsschulung immer tiefer und tiefer in die wahre Wirklichkeit der Welt hinein. Geht der moderne Mensch wirklich diesen Weg, so wird sich ihm allmählich die Erkenntnis erschließen, die einst *Parmenides* in den Satz geprägt hat: «das Seiende denken und das Sein ist dasselbe»[93]; Parmenides, der das Sein mit einer wohlgerundeten Kugel verglichen hat, deren Mittelpunkt, von allen Seiten gleich weit entfernt, «gleichmäßig auf die Grenzen zielt»[94]. Wieder ist es das Bild von Sphäre und Radius, das den wahren Zusammenhang von Raum und Zeit bezeichnet, da, wo der Radius den Umkreis im rechten Winkel trifft: *Hier* und *Jetzt*.

Und von *Moses*, der eine Individualität ist, die in die Mysterien des Raumes und in die Mysterien der Zeit eingeweiht war, erzählt die biblische Überlieferung in der Sprache der alten Mysterien:

«1. Moses antwortete und sprach: Siehe, sie werden mir nicht glauben, noch meine Stimme hören, sondern werden sagen: der Herr ist dir nicht erschienen.

2. Der Herr sprach zu ihm: Was ist's, das du in deiner Hand hast? – Er sprach: ein Stab.

3. Er sprach: Wirf ihn von dir auf die Erde. Und er warf ihn von sich; da ward er zur Schlange, und Moses floh vor ihr.

4. Aber der Herr sprach zu ihm: Strecke deine Hand aus, und erhasche sie bei dem Schwanz. Da streckte er seine Hand aus, und hielt sie, und sie ward zum Stab in seiner Hand.

5. Darum werden sie glauben, daß dir erschienen sei der Herr, der Gott ihrer Väter, der Gott Abrahams, der Gott Isaaks, der Gott Jakobs.» –

Damit ist das Wissen um das rechte Verhältnis des Menschen zur *Außenwelt* gekennzeichnet: wird die Zeit in die Außenwelt versetzt, werfen wir sie aus der Hand, um sie in dem draußen an uns Vorüberziehenden räumlich anzuschauen, so wird sie zur Schlange, und wir fliehen vor ihr. Strecken wir aber die Hand aus, um die Raumesgrenze zu berühren, so ergreifen wir an diesem Punkte die Wirklichkeit der Zeit, und sie wird zum Stab in unserer Hand. –

«6. Und der Herr sprach weiter zu ihm: Stecke deine Hand in deinen Busen. Und er steckte sie in seinen Busen, und zog sie heraus; siehe, da war sie aussätzig wie Schnee.

7. Und er sprach: Tue sie wieder in deinen Busen. Und er tat sie wieder in den Busen, und streckte sie wieder aus; siehe, da ward sie wieder wie sein ander Fleisch.

8. Wenn sie dir nun nicht werden glauben, noch deine Stimme hören bei dem einen Zeichen, so werden sie doch glauben deiner Stimme bei dem andern Zeichen.» –

Damit ist das Wissen um das rechte Verhältnis des Menschen zu seiner *Innenwelt* gekennzeichnet: Wird die Hand, das Werkzeug des Begreifens der Außenwelt, so wie sie ist, verwendet, um die Innenwelt zu begreifen, so wird sie zerstört. Ausgestreckt wird sie wieder zu dem, was sie sein soll: zum tauglichen Werkzeug des Begreifens. –

Und dann heißt es weiter:

«9. Wenn sie aber diesen zweien Zeichen nicht glauben werden, noch deine Stimme hören, so nimm das Wasser aus dem Strom, und geuß es auf das trockene Land, so wird dasselbe Wasser, das du aus dem Strom genommen hast, Blut werden auf dem trockenen Land.» (2. Mose 4, 1–9)

Damit ist gesagt:

Nimm fließende Zeit aus dem Strome der Zeit und gieße sie senkrecht auf die gegenüberliegende Grenzfläche des Raumes, auf das feste Land, und wo das Fließende dem Festen begegnet, da wird es zum Blut werden, zum Träger des Ich. *Dies* ist die Stelle, wo das Ich in die Wirklichkeit eintreten kann, die Stelle, wo sich *Jetzt* und *Hier* im *Dies* begegnen.

Demgegenüber haben wir von der heute geltenden Ansicht gehört, daß der Physiker, der die Naturgesetze objektiv zu beschreiben hat, subjektive Ausdrücke, wie *dies*, *hier* und *jetzt*, nicht verwenden darf!

Im Jahre 1920 rief *Rudolf Steiner* aus:

«Heute ist die Welt am Scheideweg. Sie soll auf der einen Seite aufhören damit, dieses formalistische Weltbild auszubauen, denn das ist nichts anderes als eine ausgepreßte Zitrone, und sie soll sich bequemen, auf einem anderen Weg wiederum zu einem geistigen Inhalt zu kommen; nicht Atome und ihr Weben auszusinnen, sondern in den Phänomenen, die rings um uns herum sind, den Geist suchen. Das sollten wir.» [95]

Wiederum könnte in diesen Worten der Ton der Herausforderung vernommen werden. Auf der anderen Seite kann man sich indessen des Eindrucks nicht erwehren – nicht, daß die Naturwissenschaft erkrankt ist, sondern daß sie zu einer Krankheit geworden ist, einer die Existenz des Menschen bedrohenden Krankheit. Und doch fügen wir hier das Wort des Novalis hinzu: «Fängt nicht überall das Beste mit Krankheit an?»[96]

Der Mensch, den der Herr lieb hat, liegt krank. Aber Geisteswissenschaft kann uns die Überzeugung geben:

«Diese Krankheit ist nicht zum Tode, sondern zur Ehre Gottes, daß der Sohn Gottes dadurch offenbar werde.» (Joh. 11,4)

Denn das ist im Grunde die Herausforderung, die in Wahrheit die Geisteswissenschaft überall durchklingt, der Ruf, der bis in das Grab dringen muß (Joh.11, 43): «Lazarus, komm heraus!»

Und so lassen Sie mich schließen mit einem Wort von *Pascal*:[97]

> «Ein Schilfrohr ist der Mensch.
> Das schwächste Schilfrohr der ganzen Natur –
> Aber ein Schilfrohr, das denkt!
> Das Weltall braucht sich nicht zu bewaffnen
> Um ihn zu zermalmen.
> Ein Luftzug genügt, ein Wassertropfen,
> Um ihn zu töten.
> Doch wenn auch das Weltall
> Den Menschen zermalmte –
> Wahrlich der Mensch
> Ist edler

Als das, was ihn tötet,
Weiß er doch, daß er stirbt,
Und das Weltall
Weiß nicht seinen Sieg
Über den Menschen.
So liegt des Menschen
Ganze Würde
In dem Gedanken.
Dieser erhebt ihn,
Nicht Raum noch Zeit.
Laßt uns drum streben,
Ihn gut zu denken,
Denn in ihm liegt
Der Sittlichkeit Grund.»

Das Wesen der Mitteilung

Entäußerung oder Verinnerlichung des Denkens

Sehr verehrte Anwesende!

Schon diese Anrede enthält das Problem, von dem ich heute abend zu sprechen haben werde. Wenn ich Sie als Anwesende anspreche, so meine ich offenbar nicht bloß Sie, sofern Sie hierher gekommen sind und nun hier sitzen – denn Sie könnten ja ganz gut während des ganzen Vortrages hier sitzen und dennoch abwesend sein –, sondern ich meine Sie, sofern Sie wirklich anwesen wollen. Was heißt das aber, und wie können Sie das?

Anwesend sein, das heißt, so werden wir vielleicht sagen: bei der Sache sein, mit seinem Wesen bei der Sache sein. Gut, aber bei welcher Sache? Nun, z. B. bei der, wovon der Vortragende zu reden hat, nicht wahr? – Nehmen wir an, er spricht vom Eiffelturm. Sie sind bei der Sache. Sind Sie dann beim Eiffelturm? Nein. Sondern Sie sind mit Ihren Gedanken bei den Gedanken, die Ihnen vorgetragen werden, das heißt, Sie versuchen die Gedanken zu denken, die Ihnen entgegengebracht werden, oder, Sie nehmen die Gedanken auf, die vor

Ihnen ausgebreitet werden. Dieses Aufnehmen von Gedanken besteht in Ihrem Denken dieser Gedanken, dieses Ihr Denken ist Ihre Wesenstätigkeit, in ihm *wesen* Sie *an* den Gedanken, die Ihnen entgegengebracht werden, Sie sind ‹Anwesende›.

Nun besteht die eigentliche Schwierigkeit aber doch darin, daß Ihnen gar nicht *Gedanken* als solche von einem anderen Menschen entgegengebracht werden können. Wenn das möglich wäre, brauchte es ja keine Mißverständnisse zu geben. Gedanken kann man nur ‹übermitteln›, das heißt, man muß sich eines Mittels bedienen, das etwas anderes ist als ein Gedanke, wenn man sich gegenseitig Gedanken mitteilen will. Hier bedienen wir uns jetzt des Mittels des laut gesprochenen Wortes. Es gibt auch andere Mittel: die Schrift, Bilder, Figuren, Gesten, usw. Alle diese Mittel haben es gemeinsam, daß sie sinnlich wahrnehmbar sein müssen.

Gedanken sind nicht sinnlich wahrnehmbar, sie werden aber durch sinnlich wahrnehmbare Mittel ‹vermittelt›. Und zwar mehr oder weniger genau oder eindeutig, je nach Wahl oder Behandlung der Mittel.

Zweierlei gilt es hier zu bemerken:

1. daß wir es hier mit dem Problem zu tun haben: wie hängt die sinnlich-wahrnehmbare Welt mit der übersinnlichen Welt, die natürliche mit der geistigen Welt zusammen; und

2. daß wir unbewußt bei jedem Gespräch die Verbindung dieser beiden Welten wirklich vollziehen, denn sonst könnten wir eben niemals ‹Anwesende› sein.

Nun tritt uns aber heute dieses Problem noch von einer ganz anderen Seite her entgegen; man muß nämlich darauf stoßen bei einer unbefangenen Betrachtung der Grundlagen der modernen Physik oder der sogenannten exakten Naturforschung. Bekanntermaßen verdankt sie ja ihre Exaktheit der Mathematik. Und die Überzeugung dürfte sehr verbreitet sein, die *Viktor v. Weizsäcker* einmal folgendermaßen formuliert: «Durch Zahlen überwinden wir die Kluft, welche Geistigkeit und Sinnlichkeit zu trennen schien. ... Wie diese beiden so völlig verschiedenen Sphären zur Berührung kommen können, das ist in der Tat das eigentliche Geheimnis der Wissenschaften, ihr Kunstgriff. Und dieser Kunstgriff heißt Mathmatik. ... Mathematik ist so, als *Instrument* des die Sinnlichkeit ergreifen wollenden Denkens, der Vermittler der Spannung zwischen Geist und Natur.» [98] –

Ich benutze hier gerade diese Formulierung Viktor v. Weizsäckers, weil sie nicht nur eine Umschreibung oder Bestätigung dessen ist, was Kant in dem berühmten Satz zum Ausdruck gebracht hat: «Es ist nur so viel wahre Wissenschaft in dem Naturerkennen, als Mathematik in ihm ist» [99], sondern weil sie eine viel weiter gehende Behauptung enthält, die aber einer heute allgemein verbreiteten Überzeugung entspringt, und die dennoch auf einer Täuschung beruht: ich meine die Behauptung, daß die Mathematik auch dann noch zwischen Geistigkeit und Sinnlichkeit, zwischen Geist und Natur vermittelt, wenn man sie als «Instrument», als «Kunstgriff» behandelt. Es ist gar sehr die Frage, ob wir heute die Mathematik überhaupt noch ohne weiteres anders behandeln *können* –, denn was aus der Mathematik geworden ist, hängt ja eben auf das innigste mit der Entwicklungsgeschichte unseres Bewußtseins zusammen. Rudolf Steiner nennt einmal «all das, was da entstanden ist seit dem fünfzehnten Jahrhundert, was sich ausgebildet hat als neuere Mathematik, als neuere Naturwissenschaft usw., Schattenbild, Gespenst des früheren Denkens; es hat kein Leben mehr»[100].

Um der Verständigung willen ist es zuweilen gut, sich grotesk auszudrücken. Wenn jemand sagt: Ein Postbote ist der Vermittler zwischen mir und meinem Korrespondenten, so ist das eine zutreffende Behauptung. Wenn er dann aber einen *pensionierten* Postboten anstellt, um Holz für den Winter klein zu machen, so könnte er das ja vielleicht als eine Art Kunstgriff ansehen, der ihm gleichzeitig die Verbindung mit seinen Korrespondenten gewährleistet – aber er würde sich eben täuschen!

In der Geschichte der Mathematik läßt sich nun aber das Streben nach Pensionierung der Gedanken sehr wohl verfolgen, oder sagen wir: das Streben nach *Entäußerung des Denkens*. Und heute darf man wohl sagen: es ist erreicht! Der Mensch hat Elektronengehirne angestellt, die für ihn arbeiten, und zwar besser, als er es könnte! Und auch die Unterlagen, die dazu gebraucht werden, können durch Apparate zur Verfügung gestellt werden. Man hat es ja in diesen Tagen in den Zeitungen lesen können, in den Berichten über den sogenannten ‹Künstlichen Mond›: «Alle geplanten Satelliten, die russischen wie die amerikanischen, sind nach dem gleichen Prinzip gebaut: sie enthalten ein ‹magnetisches Gedächtnis›, das alles in sich hineinwürgt, was es auf seinem Erdumlauf beobachtet, und es dann beim Durchgang über einer Beobachtungsstation auf drahtlosen Anruf in Bruchteilen von einer Sekunde auf dem Funkwege herunterschnattert.»[101]

Die Verbindung zwischen Geist und Natur ist also offenbar auf das beste gewährleistet. Aber da liegt eben die Täuschung! Die furchtbare Täuschung, welche nicht aufhören wird, die Menschheit in immer neue und immer stärkere Bedrohungen und Bedrängnisse hineinzutreiben, bevor sie nicht gründlich durchschaut wird. Es handelt sich hier gar nicht darum, die Früchte dieser Täuschung zu brandmarken oder zu überlegen, wie man der Bedrohung durch die Früchte dieser Täuschung entfliehen kann, oder wie man sie abwenden kann, sondern es handelt sich darum, aufzudecken, wie diese Täuschung insgeheim unsere gesamte sogenannte gegenwärtige Kultur durchzieht und durchwaltet. Mit anderen Worten: Es handelt sich nicht um die Frage: Sollte man nicht lieber die Atomenergie friedlichen Zwecken dienstbar machen, statt sie für immer furchtbarere Zerstörungswaffen zu verwenden, sondern um die ganz andere Frage, und *sie* stellt doch erst das eigentlich brennende Problem dar: Ist vielleicht die Umgestaltung der sinnlich wahrnehmbaren Welt durch die Anwendung der modernen Naturwissenschaft auf sie – wodurch ja das Reich der uns heute umgebenden Technik entstanden ist – die *notwendige Folge* der Anwendung eben dieser Wissenschaft, eine Folge, die gerade so auftritt, wie sie auftritt, weil *diese Wissenschaft* so ist, wie sie ist? – Es wäre ganz verfehlt, in dem Aufwerfen dieser Frage einen Vorwurf gegen diese Wissenschaft sehen zu wollen. Es ist ganz müßig, zu sagen: sie hätte sich anders entwickeln sollen. Sie hat sich eben nicht anders entwickelt, aber im Laufe ihrer Entwicklung hat sie eben auch das brennende Problem heraufgeführt, das wir gerade bezeichnet haben. Aber wenn solche Probleme einmal aufgetaucht sind, brennende Probleme, dann rächen sie sich, wenn sie achtlos beiseite geschoben werden. Und es scheint so zu sein, daß die Menschheit immer erst manches schmerzlichen Anstoßes bedarf, ehe sie sich aufrafft, einem solchen Problem mit dem nötigen Ernst zu begegnen, ja, es überhaupt als ein brennendes anzuerkennen. Aber vielleicht ist es heute doch an der Zeit, daß mehr und mehr Menschen hinhören können auf die Worte Rudolf Steiners, die er im Jahre 1919 ausrief und mit denen er auf das brennende Problem, von dem wir hier zu reden haben, damals – 1919! – hinwies:

«Diejenigen Menschen, ... welche heute wissen um die Wahrheiten und Erkenntnisse, die herein müssen in die Menschheitsevolution, sie wissen das Folgende: Wenn nicht durch diese von solchen Menschen zu handhabende Wissenschaft der Initiation befruchtet wird dasjenige, was wir Naturerkenntnis nennen, dasjenige namentlich, was wir Kunst nennen, so geht die Menschheit einem raschen Verfalle, einem furchtbaren Verfalle entgegen. Lassen Sie drei Jahrzehnte noch so gelehrt werden, wie an unseren Hochschulen gelehrt wird, lassen Sie noch durch dreißig Jahre so über soziale Angelegenheiten gedacht werden, wie heute gedacht wird, dann haben Sie nach diesen 30 Jahren ein verwüstetes Europa. Sie können noch so viele Ideale auf diesem oder jenem Gebiete aufstellen, Sie können sich die Münder wund reden über Einzelforderungen, die aus dieser oder jener Menschengruppe hervorgehen, Sie können in dem Glauben reden, daß mit noch so eindringlichen Forderungen etwas getan werde für die Menschenzukunft – alles wird umsonst sein, wenn die Umwandlung nicht geschieht aus dem Fundamente der Menschenseelen heraus: aus dem Denken der Beziehung dieser Welt zur geistigen Welt. Wenn nicht da umgelernt wird, wenn nicht da umgedacht wird, dann kommt die moralische Sintflut über Europa!»[102]

Also – so könnte man nach diesem Hinweis geneigt sein, sich zu sagen: über die Beziehung dieser Welt zur geistigen Welt muß der Mensch anders denken lernen. Er *hat* gedacht, sie sei in der Mathematik gegeben, der er sich wie eines Instrumentes bedienen könne. Da liegt sie offenbar nicht. Wo liegt sie denn? Sie *liegt* überhaupt nirgends! Sie ist überhaupt nirgends gegeben, so daß der Mensch sie durch sein Nachdenken *auffinden* könnte! Sondern der Mensch muß sie *herstellen*, und zwar *durch* sein Denken! Das ist es doch, worauf uns die Worte Rudolf Steiners verweisen, wenn man sie nur genau nimmt: die Umwandlung muß geschehen «aus dem Fundamente der Menschenseelen heraus: aus *dem Denken* der Beziehung dieser Welt zur geistigen Welt!» – Nun kann man ja sagen: bei der Mathematik muß man auch denken. Na ja, bis zu einem gewissen Grade schon, es wird einem ja oftmals schwer genug gemacht, nicht wahr – aber das *ist* eben nicht *das* Denken, das hier gemeint ist; es ist nicht das Denken der Beziehung dieser Welt zur geistigen Welt, sondern es ist höchstens das Denken *über* Beziehungen, die gleichsam zwischen verschiedenen Punkten *auf der Grenze* zwischen dieser Welt und der geistigen Welt bestehen. Eben sofern die Mathematik sich *auf* dieser Grenze selbst abspielt, hat der Mensch die Möglichkeit, sie von sich abzulösen, *sich des Denkens zu entäußern.* Und darauf beruht die Anwendbarkeit der Mathematik auf die sinnliche Welt. Man kann getrost sagen: je weniger man dabei zu denken braucht, um so besser kann man sie anwenden!

Hören wir einmal ein paar Sätze aus der kleinen, aber sehr aufschlußreich geschriebenen Geschichte der Mathematik von *Egmont Colerus:*

«So stand es ... mit den algebraischen Bemühungen der

Griechen bis auf *Diophant*. Man ‹dachte› Algebra, man ‹sprach› Algebra, aber man ‹schrieb› nicht Algebra, oder schrieb sie nur in gewöhnlicher Umgangssprache. Und auch Diophant selbst begann erst in einem Zwischenstadium zwischen Abkürzung und selbständiger Symbolisierung die Algebra zu schreiben. ... Wie also schreibt man Algebra und warum schreibt man Algebra? Wir antworten darauf, daß man Algebra durch Symbole und Befehle schreibt. ... Die Symbole (das sind die Bezeichnungen für die allgemeinen Zahlen, wie a oder b, ...), und die Befehle oder Operatoren oder Operations- oder Verknüpfungssymbole (+, −, = usw.) gewinnen gleichsam ein Eigenleben. Sie verbinden sich zum *Algorithmus*, zur *Denkmaschine*, und es ist nur mehr nötig, sie nach gewissen höchst einfachen Regeln zu gebrauchen. Der Leerlauf der isolierten Begriffe besorgt dann, ohne daß ein Fehler möglich ist, alles weitere, und am Ende steht das Ergebnis!»[103]

Dem arabischen Mathematiker Muhamed ibn Musa *Alchwarizmi*, der um 800 nach Christi Geburt lebte, widmet Colerus ein ganzes Kapitel, das überschrieben ist: «Mathematik als *Denkmaschine*.» Darin findet sich der bezeichnende Satz: «Die Höchste aller kabbalistischen Künste aber ist der durch richtige Notation entstandene Algorithmus, ist die *Denkmaschine* der Arithmetik und Algebra mit all ihrem Symbolzauber.»[104] Damit ist in der Tat auf den Punkt hingewiesen, an dem die vormals lebendige Mathematik, das lebendige mathematische Denken, in den bloßen Formalismus hineinzusterben beginnt, von wo ab die Möglichkeit beginnt, die Mathematik vom Menschen *abzusondern* und sie als ein *Instrument* zu gebrauchen. Gewiß kann das oft von großem

Vorteil sein. Sie können mit diesem Instrument z. B. bequem folgendes herausrechnen. Sie haben ein Quadrat gegeben mit der Seitenlänge 1. Wie groß ist die Fläche des Quadrats aus der Diagonale dieses Quadrats? Die Diagonale ist $\sqrt{2}$, also ist das gesuchte Quadrat $\sqrt{2} \cdot \sqrt{2}$, die Wurzel hebt sich weg, also ist der Flächeninhalt des gesuchten Quadrats doppelt so groß, wie der des ersten, gegebenen. Aber wenn Sie glauben wollen, daß Sie durch solche Operationen, oder mit Hilfe solcher Operationen, die Verbindung der sinnlichen Welt mit der geistigen Welt herstellen, dann können Sie ebensogut glauben, daß Sie durch Schlittschuhlaufen, indem Sie allerlei Kurven auf dem Eis ziehen, die Verbindung von Himmel und Erde herstellen. Und hier können wir vielleicht verstehen, worauf Rudolf Steiner zielte, als er einmal sagte, man könne jenem Kantschen Ausspruch, es sei so viel Wissenschaft in der Welt, als Mathematik in ihr ist, geradezu entgegensetzen: es ist so viel Finsternis in der Welt, als es dem Menschen gelungen ist, von der Welt zu errechnen. – «Zwar ist die Mathematik noch Geist» – so heißt es in demselben Zusammenhang bei Rudolf Steiner, – «sogar reiner Geist; aber in ihrer Anwendung auf die physische Wirklichkeit ist sie das Mittel, um sich vom Geistigen abzuschließen.» [105]

Nachdem wir so die Mathematik «als Instrument des die Sinnlichkeit ergreifen wollenden Denkens» ein wenig genauer ins Auge gefaßt haben, bleibt uns noch zu untersuchen, *worauf* man sie denn eigentlich anwenden will. Dabei müssen wir natürlich von dem ausgehen, was die Physiker selber darüber sagen. Ich habe versucht, eine Äußerung eines Physikers herauszufinden, die möglichst kurz und eindeutig zum Ausdruck bringt, was sich als allgemeine Grundüberzeugung mehr oder weniger deutlich bei allen modernen Physikern der Gegenwart geltend macht. Ich werde sie Ihnen zunächst vorlesen. Sie findet sich in dem zu Anfang dieses Jahres erschienenen Buche von Arthur March, Professor der theoretischen Physik in Innsbruck, das den Titel hat: «Das neue Denken der modernen Physik.»

Nach *March* besteht das Ziel der Physik in der Aufstellung von Gesetzen, die vom gegenwärtigen Zustand der Natur auf die zukünftigen Zustände schließen lassen. Und nun sagt er also folgendes: *«Diese Gesetze* erheben Anspruch auf allgemeine Anerkennung und *müssen daher einen Sinn haben, der unzweideutig von Person zu Person mitgeteilt werden kann.* Das hat die Physik von allem Anfang an gezwungen, aus der von uns unmittelbar erlebten phänomenalen Welt, in der sie ihre Versuche anstellt, alle diejenigen Elemente auszuscheiden, die nur privat erlebbar, aber nicht mitteilbar sind. Zu diesen Elementen gehören vor allem die Farben, Gerüche und Geschmacksempfindungen. Niemand kann einem anderen die Empfindung beschreiben, die er hat, wenn er Rot sieht, und sie mit derjenigen vergleichen, die der andere beim Anblick desselben roten Gegenstandes hat. Die phänomenale Welt enthält somit Bestandteile, über die eine intersubjektive Verständigung nicht möglich ist, und die deshalb niemals den Gegenstand eines Naturgesetzes bilden können. Der Physiker muß daher, bevor er nach Gesetzen sucht, an der von ihm erlebten phänomenalen Welt erst einen weitgehenden Abstraktionsprozeß vornehmen, der die Welt auf das reduziert, das einer Mitteilung zugänglich ist. Das Mitteilbare aber besteht in alle dem, was meßbar und damit in Zahlen ausdrückbar ist, und das bedeutet, daß die Naturgesetze sich auf das mit den Mitteln der Mathematik, also entweder zahlenmäßig oder geometrisch, beschreibbare Gerippe beziehen müssen, das von der Welt übrig bleibt, *wenn man sie aller nicht mitteilbaren Elemente entkleidet.* Dieses Gerippe wollen wir in der Folge die *Struktur* der phänomenalen Welt nennen, so daß man also sagen kann, daß physikalische Gesetze reine Strukturaussagen sind. Es ist die bis auf den strukturellen Grund entleerte phänomenale Welt, die den Gegenstand der physikalischen Forschung bildet, und die man daher die physikalische Welt nennen kann.» [106]

Soweit also March.

Ja, meine sehr verehrten Anwesenden – und ich hoffe, Sie sind es noch –, nun frage ich Sie:

Wo ist denn nun die ganze sinnliche Welt überhaupt hingekommen, auf die wir angeblich das Instrument der Mathematik anwenden, um sie mit der geistigen zu verbinden? Die ist ja auch pensioniert! Das haben wir ja gehört: alle diejenigen Elemente sind von vornherein auszuscheiden, «die nur privat erlebbar, aber nicht mitteilbar sind». Das sind aber gerade die Inhalte der sinnlichen Wahrnehmungen, das ist doch gerade das, was wir die sinnliche Welt nennen, oder auch die phänomenale Welt. Und *sie* ist doch hier ganz und gar beiseite geschoben, von ihr wird doch von vornherein abgesehen! Das wird doch eindeutig gesagt; ich muß es noch einmal wiederholen: «Der Physiker muß daher, bevor er nach Gesetzen sucht, an der von ihm erlebten phänomenalen Welt erst einen weitgehenden Abstraktionsprozeß vornehmen, der die Welt auf das reduziert, das einer Mitteilung zugänglich ist.» Was dabei übrig bleibt, das mathematisch beschreibbare Gerippe, das bildet erst den Gegenstand der physikalischen Forschung, und dieses Gerippe *ist* die «physikalische Welt». Und wenn es nun heißt, «das Mitteilbare besteht in all dem, was meßbar und damit in Zahlen ausdrückbar ist», so muß man doch berücksichtigen, daß man gerade, um eine Mitteilung zu *verwirklichen*, sich der phänomenalen Welt bedienen muß! *Was ist denn das nun eigentlich: das Mitteilbare?*

Sie sehen, da ist sie wieder, die Frage, von der wir von allem Anfang an heute abend ausgegangen sind, als wir uns darüber klar zu werden versuchten, was es heißt, «anwesend» zu sein. Wenn Sie sich daran noch erinnern, so werden Sie zugeben, daß man sagen kann: das einzig wahrhaft Mitteilbare in dieser Welt sind Gedanken, und zwar um so eindeutiger, je mehr sie reine Gedanken sind, und je exakter formuliert sie sind. Und ganz gewiß haben wir es gerade in der Mathematik mit solchen reinen und exakt formulierten Gedanken zu tun. Und ganz gewiß ist es auch möglich, dasjenige, was meßbar ist, in Zahlen auszudrücken und also in mathematischen Gedanken zu fassen. Und so ist ja wirklich gegen die Behauptung: «das Mitteilbare besteht in alle dem, was meßbar und damit in Zahlen ausdrückbar ist», nicht das Geringste einzuwenden!

Wir haben auch gar nicht die Absicht, das zu bestreiten. Wir haben nur die Absicht, etwas *hinzuzufügen*, was nicht übersehen werden darf, wenn man nicht wiederum einer großen Täuschung verfallen will. – Der Gedanke, den ich Ihnen jetzt mitteilen möchte, ist allerdings schwer zu formulieren. – Aber das ist es ja gerade! Nicht wahr, das Wort ‹formulieren› nehmen Sie doch in diesem Augenblick ganz selbstverständlich in einem doppelten Sinn: einmal bedeutet es: den Gedanken, damit er mitteilbar wird, in die entsprechende Form bringen, dann aber auch noch: einen oder mehrere Sätze aussprechen, – in dieser phänomenalen Welt hörbar, vernehmbar, verlauten lassen, die den Gedanken an Sie herantragen sollen! Und so hat auch das Wort: das Mitteilbare, einen doppelten Sinn: nicht nur den formalen des Zur-Mitteilung-geeignet-Seins, sondern auch den auf die wirkliche *Durchführbarkeit* der Mitteilung in dieser phänomenalen Welt hinweisenden, wozu es eben der Elemente dieser phänomenalen Welt bedarf. Und zur *wirklichen Durchführung* der Mitteilung des Mitteil*baren* von Person zu Person muß jedenfalls auch der Physiker eben die Elemente der phänomenalen Welt, von denen er das Gerippe entkleidet hat – wenn auch vielleicht «hinten herum» –, wieder hervorholen: er *muß* das Gerippe wieder ankleiden, und dadurch kommt dann jeweils das zustande, was man heute ein ‹physikalisches Weltbild› nennt. Das gilt es, gewahr zu werden: daß dieses Wort: *‹das Mitteilbare›*, ein *Geheimnis* enthält. Es kündigt sich vielleicht am deutlichsten an, wenn man bemerkt, daß es nicht eine bloße Tautologie ist, wenn man sagt: das Mitteil*bare* ist erst dann mitteilbar, wenn es *mitteilbar* ist. Denn das heißt: was ich mitteilen will, kann ich nur dann mitteilen, wenn ich die geeigneten Mittel zur Verfügung habe, die eine Mitteilung möglich machen. Wenn ich einen Brief schreiben *kann*, *genügt* das doch nicht, um ihn *schreiben* zu können, sondern dazu muß ich doch Feder, Tinte und Papier haben! Gerade weil das so selbstverständlich ist, wird es übersehen; das ist es aber gerade, was nicht übersehen werden darf, wenn der Anschluß an die *Wirklichkeit* gefunden werden soll. Das Geheimnis des Mitteilbaren *enthält* bereits die Verbindung des Spirituellen mit dem Materiellen, des Geistigen mit dem Sinnlichen. Und es ist falsch, weil es eine Einseitigkeit, weil es nur eine halbe Wahrheit ist, wenn man sagt: «Das Mitteilbare besteht in all dem, was meßbar und damit in Zahlen ausdrückbar ist.» Denn auch sogar die Zahlen selbst sind nur dadurch mitteilbar, daß man sie sinnlich sichtbar aufschreiben oder sinnlich hörbar aussprechen kann. Und wenn ich eine Zahl aufschreibe, so ist es ihre Form, die mir sagt, welche Zahl es ist, welche Zahl ich denken soll, aber diese Form kann ich nur dann entdecken, wenn die Zahl sinnlich sichtbar aufgeschrieben ist! *Henri Focillon* hat das in seinem Buch ‹Das Leben der Formen› in dem wunderbaren Satz ausgedrückt: «Eine Form ohne ihren Träger ist nicht Form, und der Träger selbst ist Form.»[107] *Das* ist es, worauf es ankommt, was man fassen und sich zum bewußten Erlebnis bringen muß, sonst übersieht man das wahrhaft und wirklich Mitteilbare, nämlich: das Wesen und die Wirklichkeit *des Wortes*. – Vielleicht ist es damit jetzt spürbar geworden, daß sich hier aus dem Bereiche der modernen Physik heraus das gleiche Problem vor uns erhebt, um das vor Jahrhunderten die Menschen aus einem ganz anders gearteten Bewußtsein gerungen haben im Streit um die richtige Auffassung des Abendmahls. Da ging es eben um diese selbe Frage: *was ist das Mitteilbare?* Denn die Communion, die Communicatio, ist die Mitteilung, die Teilhaftmachung, communizieren heißt: mitteilen. Um dieses Problem der *Erkenntnis* der communicatio, das heißt: um den Vollzug der *geistigen* Kommunion, kommt die Menschheit nicht herum. –

Lassen Sie uns noch einmal die Situation ins Auge fassen, in der dieses Problem vor uns aufgetaucht ist. Wir mußten sagen: Wir haben in der modernen Naturwissenschaft das

Instrument der Mathematik, in dem keine Geistigkeit mehr ist, und wir haben ein Gerippe der phänomenalen Welt, in dem keine Sinnlichkeit mehr ist: tote Gedanken, die eine tote Welt ergreifen sollen. Und welche Anstrengung, welches ungeheure ehrliche Ringen und Streben der Menschheit – und zwar insbesondere seit dem 15. Jahrhundert, insbesondere gerade seit dem Heraufkommen der eigentlich modernen Naturwissenschaft, ist aufgewendet und durchgestanden worden auf dem Wege, der zu *diesem* Ziele geführt hat! Muß man es da nicht begreifen, wenn sich in den Menschenseelen immer mehr und mehr die Stimmung geltend macht: Es hat ja im Grunde alles gar keinen Sinn mehr? Muß man es nicht begreifen, wenn der Mensch das Gefühl bekommt, endgültig vor dem Nichts zu stehen, und aus diesem Gefühl heraus entweder zur Verzweiflung oder zur trostlosesten Gleichgültigkeit getrieben wird? Und doch muß man einsehen: Es ist ja *nicht wahr*, daß nichts erreicht ist! Gerade, wenn es wahr ist, daß der Mensch vor dem Nichts steht, d. h. gerade, wenn er das Nichts erreicht hat, so hat er ja ein Großes erreicht, ein ungeheuer Großes! Denn er hat damit *die Grenze* erreicht, an der er ‹anwesen› muß, um sich bewußt als ein selbständiges, das heißt freies Geistwesen zu erleben. Ja, er *wird* überhaupt erst in Wahrheit ein Geistwesen, wenn er an diese Grenze an-wesen kann. Es ist die Grenze, hinter der sich ihm die wahre Wirklichkeit der Welt solange verbirgt, bis er sie erreicht, an der ihm aber sogleich, wenn er sie erreicht, wenn er als ein selbstbewußtes Wesen an ihr an-west, die Mitteilungen der wahren Wirklichkeit begegnen. Um sie zu verstehen, muß er zwar ein höheres Bewußtsein entwickeln, aber die Entwicklung dieses höheren Bewußtseins beginnt eben unmittelbar mit dem Gewahrwerden seiner selbst als einer selbständigen Geistwesenheit. Um zu diesem Freiheitserlebnis zu kommen, dazu bedarf es allerdings eines starken, inneren Ruckes, den sich der Mensch selbst geben muß, und was es mit diesem Ruck auf sich hat, das möchte ich Ihnen auf folgende Weise nahe zu bringen versuchen.

Stellen Sie sich bitte einmal vor, hier stünde ein Tisch mit einer schönen, ebenen, goldenen Tischplatte. Und darauf stünde ein Kegel, aus Eisen, überall schön glatt geschliffen. Und dieser Kegel hätte unser gewöhnliches menschliches Bewußtsein, aus dem heraus wir z. B. Naturwissenschaft treiben. Nun unterhalte ich mich mit diesem Kegel und frage ihn: Sage mir einmal, lieber Kegel, worauf stehst du eigentlich? Der Kegel: auf einer goldenen Tischplatte! Ich sage: das meine ich nicht; der Mensch, sagt man, steht auf seinen Füßen. Und worauf stehst du? – Ach so, sagt der Kegel, behäbig lächelnd: auf meiner Grundfläche. Ach, sage ich, du hast eine Grundfläche? Eine wirkliche Grundfläche? – Ja, sagt der Kegel, sie ist die Stütze meiner ganzen Existenz! Nun frage ich den Kegel: wie dick ist denn deine wirkliche Grundfläche? – Das weiß ich nicht, sagt der Kegel. – Nun zeichne ich den Kegel, genau von der Seite gesehen, an die Tafel und beweise ihm, daß seine Grundfläche gar keine Dicke hat und daß sie, von der Seite gesehen, nichts ist als eine Linie, eine mathematische Linie, daß sie also in Wirklichkeit gar nicht existiert. – Nun braucht doch der Kegel nicht bei dem bloßen äußeren Betrachten seines Bildes auf der Wandtafel stehen zu bleiben! Wenn er das täte, dann würde er allerdings zu gar nichts anderem kommen können, als sich zu sagen: Ja, ich muß es zugeben, ich stehe nicht nur vor dem Nichts, ich stehe auf dem Nichts. Und das würde selbst ihn allmählich in sich zusammensinken lassen, obwohl er aus Eisen ist. Aber er könnte sich doch auch sagen: Ja, das ist zwar richtig: von der Seite, das heißt: von außen gesehen, ist meine Oberfläche ein Nichts, und ich bin dir dankbar, daß du mir das gezeigt hast, denn jetzt weiß ich überhaupt erst genau, wo sie ist. Aber jetzt tue ich den Ruck, mich von diesem bloßen Betrachten von außen loszureißen; ich erlebe mich jetzt bewußt meiner Grundfläche gegenüber in der Kegelspitze und schaue von innen durch mich hindurch auf diese Grundfläche, dann ist sie eben nicht mehr ein Nichts, sondern dann ist sie die reine Grenzfläche, an der ich dem Golde erst wahrhaft *begegnen* kann! – –

Gewiß, Sie können sagen: das ist ein etwas hergeholtes Bild. Aber Sie brauchen ja *auch* nicht bei dem bloß *äußerlichen Betrachten* dieses Bildes stehen zu bleiben! Denn es ist ja ein Bild von Ihnen, und zwar ein zutreffendes Bild, soweit Sie denkende Wesen sind! Sofern wir denken, sind wir Kegel, zwar nicht aus Eisen, sondern aus Tätigkeit bestehend, so wie ja auch schon der sogenannte Sehkegel ein Tätigkeitskegel ist. Beim Sehkegel sitzt das innere Auge in der Spitze, beim Denkkegel sitzen *Sie selbst* in der Spitze. Und sich *bewußt* im Innern eines solchen Tätigkeitskegels *erleben* lernen, *wenn* man denkt, *das* ist eben das, was wir *Verinnerlichung des Denkens* nennen.

Und wenn man heute immer wiederholt: Der Mensch steht nur noch sich selbst gegenüber, so sollte man eigentlich genauer sagen: Der Mensch steht sich selbst nur noch *gegenüber*. Ja, warum bleibt er denn da stehen? Warum will er denn den Ruck nicht vollziehen von der *Entäußerung des Denkens* zur *Verinnerlichung des Denkens?* Sind denn die Zeichen der Zeit immer noch nicht deutlich genug, die ihn dazu auffordern, diesen Ruck *in Freiheit* zu vollziehen? Man weiß es ja, oder wenigstens wird es ja immer wieder gesagt, daß die gegenwärtige Weltsituation die Situation der Prüfung des Menschen auf seine Freiheit ist. Ist es nicht eine Frivolität, wenn man in dieser Situation sagt, wie es in dem Buche ‹Vom Atom zum Weltsystem› zu lesen steht: «Es besteht Hoffnung, daß die Gnade so unermeßlicher Macht, die aus dem Schoße der natürlichen Offenbarung unser Zeitalter heimsucht, die Menschenwelt schließlich *zwingen* wird, sich nach Recht und Gerechtigkeit zu ordnen»? [108]

Ja, meine sehr verehrten Anwesenden, diese Haltung bedeutet eben die Entäußerung des Denkens, sie bedeutet den Untergang einer Epoche. Und den Anbruch einer ganz neuen Weltenzeit bedeuten die Worte Rudolf Steiners:

«Man trifft ja heute noch immer viele Menschen,die sagen: Ja, warum kommt denn das Unglück? Warum helfen die Götter nicht? – Wir sind einmal in *der* Zeitepoche der Menschheitsentwicklung, wo die Götter gleich helfen, wenn die Menschen ihnen entgegenkommen, aber wo die Götter darauf angewiesen sind, nach ihren Gesetzen, mit *freien Menschen*, nicht mit Puppen zu arbeiten.» [109]

– – «Wir haben nötig, den Ruck zu vollziehen, aus der innersten Erfassung unseres Menschentums selbst *in Freiheit* zum Spirituellen zu kommen. Das können wir nicht dadurch, daß wir spirituelle Phrasen drechseln, daß wir vom Geiste reden, wir können es nur dadurch, daß wir geistig denken.» [110]

Und zeigen, wie man das lernen kann, das ist es, was anthroposophische Geisteswissenschaft eigentlich will. – Man kann durch die Geisteswissenschaft es heute erfahren: Die ganze Sinneswelt wird ja sofort anders, wenn man anders von ihr denkt, wenn man ihr mit einem innerlichen Erleben dessen, was man tut, indem man denkt, gegenübertritt; wenn man dieser Sinneswelt zutraut, die *Mitteilung* eines Geistwesens zu sein, wenn man sich würdig zu machen strebt des Gesprächs mit der Natur!

Wir haben gesehen, jene eindeutige Mitteilung von Person zu Person, von welcher der Physiker March spricht, ist nur möglich durch *ausgesprochene* Gedanken. Dabei ist der Gedanke aufzufassen als ausgedachter, d.h. fertiger Gedanke, der in der Aussage ausgeprägt ist. Der Naturforscher, der Physiker, strebt aber doch im Grunde gar nicht nur danach, das Mitteilbare von Person zu Person aufzusuchen, in dem er sich ausdrücken muß, um dem Experimentator verständlich zu werden, sondern er sucht doch in Wahrheit *das Mitteilbare*, in dem sich die Natur selbst ausspricht, um dem Physiker verständlich zu werden. Er sucht im Grunde die Gedanken des Weltwesens in den Äußerungen der Natur, wenn er Naturgesetze aufsucht; er sucht das Mitteilbare, das *die Welt mit dem Geiste, den Geist mit der Welt* verbindet. Das muß die Aufgabe der Physik werden, wenn sie sich selbst recht versteht: die Suche nach dem Verständnis des schaffenden Weltenwortes in der Natur.

Und auch die Mathematik wird sofort etwas ganz anderes, wenn man, statt sie als Instrument zu benutzen, das man auf die äußere Welt anwendet, das Mathematisieren als Tätigkeit des innerlichen Denkens bewußt zu erleben strebt. Dieses innerliche Erleben des Mathematisierens *ist* nichts anderes als das Untertauchen in die wahre Wirklichkeit der Welt. «Nicht umsonst» – sagt Rudolf Steiner einmal – «hat Plato von seinen Schülern verlangt, daß sie zuerst eine gute Vorschule in der Mathematik haben sollten. Er wollte damit nicht arithmetische oder geometrische Einzelerkenntnisse bei den Schülern, sondern ein gründliches Verstehen ermöglichen, was im Menschen eigentlich vorgeht, wenn er mathematisiert oder geometrisiert. Und darauf beruht im Grunde genommen der scheinbar paradoxe, aber tief bedeutsame Ausspruch Platos: *Gott* geometrisiert fortwährend!» [111]

Und ich möchte hier das Wort des großen *neuzeitlichen* Mathematikers *Novalis* anfügen: «Wer ein mathematisches Buch nicht mit Andacht ergreift und es *wie Gottes Wort* liest, der versteht es nicht.» [112]

Sehr verehrte Anwesende, damit habe ich zu zeigen versucht, daß die anthroposophische Geisteswissenschaft die wahre Fortführung der mathematischen Naturwissenschaft ist, weil sie ihre Sinngebung ist. Das drückt *Rudolf Steiner* selber aus in den folgenden Worten, mit denen ich meine Ausführungen abschließen möchte [113]: «Wenden wir den Blick in die Außenwelt, erblicken wir durch die Einrichtung unserer Sinne und unseres Verstandes ein Weltbild, welches uns nicht das zeigt, woraus es herauswächst: den Geist. – Wenn wir die Wege der geisteswissenschaftlichen Forschung gehen und in der Seele den Aufschwung durchleben, so finden wir den Geist. Und in der Seele ist es, wo sich begegnen Geist und Stoff. In der Zusammenfügung von Geist und Stoff innerhalb unserer Seele liegt erst die wahre, geist- und stofferfüllte Wirklichkeit!

So darf vielleicht das jetzt Gesagte zusammengefaßt werden in die Worte, die etwa in dichterischer Form dasselbe geben, was dennoch alle, die sich unbefangen bemüht haben, eine Anschauung zu gewinnen von Geist und Stoff, zu allen Zeiten gefühlt haben. Geisteswissenschaft im Verhältnis zur Naturwissenschaft lehrt uns erkennen, daß es wahr ist:

Es drängt sich an den Menschensinn
Aus Weltentiefen rätselvoll
Des Stoffes reiche Fülle.
Es strömt in Seelengründe
Aus Weltenhöhen inhaltvoll
Des Geistes klärend Wort.
Sie treffen sich im Menscheninnern
Zu weisheitvoller Wirklichkeit!»

Bild, Wort, Gedanke

Das Gewahrwerden der Idee in der Erscheinung

Schon in der Vorrede zum zweiten Bande seiner Ausgabe der naturwissenschaftlichen Schriften Goethes schrieb Rudolf Steiner im Jahre 1888 den Satz nieder:

«Das Gewahrwerden der Idee in der Wirklichkeit ist die wahre Kommunion des Menschen.»[114]

Dieser Satz enthält den Schlüssel für das eigentliche Grunderlebnis der Anthroposophie; Rudolf Steiner selbst hat darauf während seines ganzen Lebens in Vorträgen und Schriften immer wieder aufs neue hingedeutet. Noch in seinem Buche ‹Mein Lebensgang›, an dem er in seinem letzten Lebensjahre schrieb, führt er diesen Satz wieder an. Und an dieser Stelle knüpft er dann noch folgende Worte daran an:

«Mir kam es damals weniger darauf an, die Welt des Geistigen so darzustellen, wie sie sich ergibt, wenn das sinnlichkeitsfreie Denken über das Sich-selbst-Erleben zur geistigen Anschauung fortschreitet, als vielmehr darauf, zu zeigen, daß das Wesen der in der sinnenfälligen *Anschauung* gegebenen Natur *das Geistige ist.* Ich wollte zum Ausdrucke bringen, daß die Natur in Wahrheit geistig ist.

Ich wollte zeigen, daß der Mensch denkend nicht Bilder *über* die Natur wie ein ihr Außenstehender formt, sondern daß Erkennen Erleben ist, so daß der Mensch erkennend *in* dem Wesen der Dinge steht.»[115]

Im Thema des heutigen Vortrages ist nun vom Gewahrwerden der Idee in der *Erscheinung* die Rede, während Rudolf Steiner vom Gewahrwerden der Idee in der *Wirklichkeit* spricht. Das ist zwar ganz gewiß nicht dasselbe. Daß aber Erscheinung und Wirklichkeit keine sich ausschließenden Gegensätze sind, sondern daß die Erscheinung *als Grenze* bereits zur Wirklichkeit *gehört* und nicht nur ein subjektives *Bild* einer unbekannten, objektiven Wirklichkeit ist, das gilt es gerade zu zeigen, oder, nach den angeführten Worten Rudolf Steiners: «das Wesen der in der sinnenfälligen Anschauung gegebenen Natur» als das Geistige aufzusuchen.

Schon, indem wir das Wort Erscheinung aussprechen, sprechen wir von etwas Bildhaftem; Erscheinungen sind Bilder. Bilder sind *sichtbar*; sie *sind* nur *Bilder*, wenn sie *gesehen* werden können. Alle Bilder, alle Erscheinungen verdankt der Mensch dem Gebrauch seines Auges, seines Sehorgans.

Daher ist es falsch, von Sinnes*erscheinungen* schlechthin zu sprechen, wenn man damit Töne, Härte, Wärme, Duft meint. *Erscheinung* gibt es nur für *einen* Sinn: für das Auge.

Der moderne Mensch ist vor allem Augenmensch. Das ganze Gebäude der modernen Naturwissenschaft beruht auf der *Beobachtung*, das heißt, auf dem Gebrauch des Auges, und es ist kein Wunder, daß der Naturwissenschaftler das, was er genau zu erkennen trachtet, zunächst *sichtbar* zu machen bestrebt ist. Sichtbarkeit ist die Voraussetzung für alles Messen, und genaues Messen ist die Voraussetzung für die

Bestimmung der Struktur der Wirklichkeit, für das Zustandekommen des ‹physikalischen Welt*bildes*›.

Durch den beobachtenden Gebrauch des Auges ist ja überhaupt der Mensch erst eigentlich zu dem heutigen Grade der Wachheit seines Bewußtseins heranerzogen worden, und schon Plato führt im Timaios die höchste Wissenschaft selbst, die Philosophie, auf die Begabung des Menschen mit dem Sehsinn zurück:

«Das Sehorgan», so sagt er dort, «ist nach meiner Überlegung die Ursache des größten Nutzens für uns, denn, wenn man die Planeten, die Sonne und den Sternenhimmel nicht *sähe*, so hätte wohl keines dieser Worte über das Weltall gesagt werden können. So aber haben der *Anblick* von Tag und Nacht, die Monate und die Umläufe der Jahre, die Taggleichen und die Sonnenwenden die *Zahl* bewirkt und die Vorstellung von der *Zeit* und die Erforschung der *Natur des Weltalls* gebracht. Durch ihn haben wir die Gattung der Philosophie gewonnen, eines Gutes – als ein Geschenk der Götter –, wie es größer für das sterbliche Geschlecht nie gegeben wurde, noch gegeben werden wird. Ich spreche deshalb über dieses Gut der *Augen* als *das größte*. Weshalb sollten wir die anderen, geringeren Sinne preisen? An ihnen erblindet, mag der Nichtphilosoph vergeblich jammern und klagen.»[116]

Der Mensch ist in der Tat an der Erscheinung und für die Erscheinung aufgewacht, bis er dann – insbesondere seit dem 15. Jahrhundert – seine Beobachtung gerade der Naturerscheinungen immer genauer und methodischer durchführen und dabei ein Denken ausbilden konnte, das dem Ziele zustrebt, die Zusammenfassung aller beobachteten Erscheinungen in der begrifflichen Konstruktion eines einheitlichen Weltbildes weitgehend zu ermöglichen. Nur zeigt sich andererseits gerade heute – nach Heisenberg und anderen –, daß die Naturwissenschaft über den Zusammenhang eines solchen Welt*bildes* mit der Welt selbst, mit der Wirklichkeit selbst, keinen Aufschluß geben kann.

Wir können also sagen: Das Beobachten der Naturerscheinungen hat den Menschen zwar erzogen zur Ausbildung des naturwissenschaftlichen Denkens, aber in diesem Denken entschwindet ihm, entzieht sich ihm gerade die Wirklichkeit.

Nach *Erwin Schrödinger,* einem der bedeutendsten Physiker der Gegenwart, ist das Gesamtbild, das sich die Physik von der raum-zeitlichen Wirklichkeit macht – das heißt also: von der materiellen Wirklichkeit –, heute «so schwankend und unsicher, wie es schon lange nicht gewesen ist». «Eine weitverbreitete Lehrmeinung geht dahin», so sagt er einmal, «daß es ein objektives Bild der Wirklichkeit in irgendeinem früher geglaubten Sinn überhaupt nicht geben kann. Nur die Optimisten unter uns (zu denen ich mich selbst rechne) halten das für eine philosophische Verstiegenheit, einen Verzweiflungsschritt angesichts einer großen Krise. Wir hoffen, daß das Schwanken der Begriffe und Meinungen nur einen heftigen Umwandlungsprozeß bedeutet, der schließlich doch zu etwas Besserem führen wird, als der wüste Formelkram ist, der unseren Gegenstand umstarrt.»[117]

Schrödinger spricht davon, daß das oberste Ziel einer philosophischen Neufundierung der naturwissenschaftlichen Forschung sein müsse: die Wiedergewinnung «einer einheitlichen, in sich geschlossenen *Vorstellung* von der Materie». Das heißt also eines prinzipiell sichtbaren *Bildes* von der Materie. Aber dazu zu kommen, sei nur möglich, wenn «an Stelle der *Substanz* die *Form*, die Gestalt als Grundkonzept des naturwissenschaftlichen Denkens anerkannt werde».

Eine höchst interessante und symptomatisch aufschlußreiche Situation ist nun dadurch entstanden, daß Schrödinger von zwei Seiten heftig angegriffen wird: einerseits von den Vertretern des mathematischen Formalismus – den man auch einen physikalischen Nominalismus nennen könnte –, welcher die Ansicht vertritt, nur eine von *allen bildhaften* Vorstellungen gereinigte mathematische Behandlung könne in der physikalischen Forschung weiterführen; andererseits von den Vertretern der traditionellen Ansicht, daß der *substantielle* Charakter der Materie gewahrt bleiben müsse, da, wie es besonders *Max Born* Schrödinger gegenüber betonte, «die Vorstellung von der *körperhaften* Beschaffenheit der Materie auch in ihren kleinsten Bestandteilen in dem allgemeinen Verständnis des Menschen *natürlich* verankert sei».[118]

Hier taucht also eine Alternative auf, die wir so aussprechen können:

1. Du sollst dir kein Bild von der Welt machen!
2. Du mußt dir ein Bild von der Welt machen, denn du bist an das gebunden, was im Verständnis des Menschen *natürlich verankert* ist.

Dabei steht im ersten Fall im Hintergrunde, daß der Mensch sich deshalb kein Bild machen soll, weil er ein angemessenes Bild gar nicht herstellen *kann*, und weil das Bild, das er zustande bringen kann, ihm das Erkennen der wahren, objektiven Zusammenhänge zudeckt; während er im zweiten

Falle gerade *durch* das Bild für sein natürliches Verständnis den Zugang zur wahren Wirklichkeit zu finden hofft.

Diese Alternative aber tritt uns ja schon in der vorchristlichen Zeit im Gegensatz des jüdischen Volkes zu den Babyloniern, Ägyptern und Griechen entgegen, nun aber nicht bezüglich ihrer Anschauung der Natur, sondern bezüglich ihrer Gottesverehrung. Und in der nachchristlichen Zeit wird diese Alternative dann im 8. und 9. Jahrhundert auf das tiefgreifendste geschichtlich wirksam im Bilderstreit des byzantinischen Kaiserreichs. Als einen Kampf gegen Aberglauben und religiösen Wahn begann Kaiser Leo III., der Isaurier, den Kampf gegen die damals sehr ausgebreitete Bilderverehrung, einen Kampf von so mächtigen Folgen und Dimensionen, daß der Abfall von Italien, die weltliche Herrschaft der Päpste und die Erneuerung des abendländischen Kaisertums daraus hervorgingen. Im Jahre 728 erließ Leo III. ein Gebot, alle Bildnisse Christi, der Jungfrau Maria und der Heiligen und Märtyrer aus den Kirchen und heiligen Orten zu entfernen und zu zerbrechen oder, wo sie an die Wände gemalt wären, sie mit glänzenden Farben zu überstreichen.

Dieses Gebot erregte einen ungeheuren Sturm, der über ein Jahrhundert Reich und Thron erschütterte und Ausbrüche der wildesten Leidenschaften verursachte.

Von der inneren Anteilnahme der Bevölkerung und der Intensität des Kampfes der beiden Parteien, die sich nun bildeten, kann man sich heute kaum noch eine Vorstellung machen. Man nannte sie die *Ikonodulen* – das waren die Bilderdiener – und die *Ikonoklasten* – das waren die Bilderstürmer. Der Verlauf dieses Bilderstreits gehört zu den interessantesten Kapiteln der menschlichen Geschichte überhaupt.

Wir müssen hier aber vor allem kurz über seine geistigen Hintergründe reden. Man muß berücksichtigen, daß die eigentlichen Führer der Parteien Mönche und Patriarchen von höchster Gelehrsamkeit waren, wie z. B. Germanus, Theodorus Studita und Johannes von Damaskus, dessen Schriften so weit in die mittelalterliche Scholastik hinein gewirkt haben.

Im Hintergrund dieses Bilderstreites steht das Geheimnis von der Menschwerdung des Christus: Wenn Christus Gott und Mensch zugleich ist, ist er dann als Mensch erscheinender Gott – oder zum Gott gewordener Mensch?

Die Ikonoklasten werfen, wie es Ivanka einmal zusammenfaßt, den Bilderverehrern folgendes vor – und Sie mögen daraus ersehen, wie subtil der Streit war, der so enorme geschichtliche Folgen nach sich zog:

«Wenn ihr glaubt, mit der Darstellung der sichtbaren, menschlichen Natur zugleich die damit persönlich verbundene göttliche Natur dargestellt zu haben, dann *vermischt* ihr die Naturen; meint ihr aber, die *menschliche* Natur *für sich* darzustellen und die *göttliche* durch die *Beziehung*, in der sie zur menschlichen steht, mitzuverehren, so trennt ihr ‹den von der Jungfrau Geborenen› vom ‹Worte Gottes›.»

Die Ikonodulen dagegen werfen den Bilderstürmern, den Ikonoklasten, vor:

«Gerade ihr trennt das ‹Wort Gottes› von dem ‹von der Jungfrau Geborenen›, wenn ihr glaubt, dieser lasse sich überhaupt als menschliche Person darstellen, *ohne* daß damit seine Gottheit schon mitdargestellt ist, und *ihr vermischt* die Naturen, wenn ihr meint, die sichtbare Darstellung der *menschlichen* Natur Christi enthielte schon die Behauptung der *sicht-*

baren Darstellbarkeit seiner *göttlichen* Natur und sei daher ein Versuch, ‹den Unumschreibbaren zu umschreiben›.»[119]

Man sieht also, es handelt sich hier um das Gewahrwerden einer *göttlichen*, übersinnlichen Wirklichkeit, einer ‹Idee› im sinnlich sichtbaren *Bilde*, d. h. in der Erscheinung des Menschen, so wie er in der Natur auftreten kann; sei es nun, daß dieses Bild von der *Natur* selbst als ein lebendiger, körperlicher Mensch geschaffen ist, oder daß es eine sichtbare *Nachbildung* des natürlichen Menschen darstellt.

Heute handelt es sich, gerade umgekehrt, darum, in einem nicht sichtbaren Bilde, in einem übersinnlichen Bilde, d. h. in einem gedanklichen ‹Weltbilde der Physik›, die wahre Wirklichkeit der Natur gewahr zu werden. Man kann auch sagen: Damals zweifelte man an der Möglichkeit, *in der Natur* ein angemessenes Bild von der göttlich-geistigen Wirklichkeit zu finden oder zu schaffen; heute zweifelt man an der Möglichkeit, *im menschlichen Geiste* ein angemessenes Bild der natürlichen Wirklichkeit zu entdecken und zu gestalten.

An dieser Stelle erinnern wir uns zunächst noch einmal daran, daß es die Absicht Rudolf Steiners war «zu zeigen, daß das Wesen der in der sinnenfälligen Anschauung gegebenen Natur das Geistige *ist*». Es wird gut sein, sich das unter dem Folgenden immer wieder zu vergegenwärtigen.

Im Jahre 754 fand unter dem byzantinischen Kaiser Konstantin V. im Palast Hierium in Kleinasien eine Synode statt, die für eine ökumenische gelten sollte, das sogenannte ikonoklastische Konzil, auf dem 338 Bischöfe den Bilderdienst als «Erfindung des Teufels» verdammten, da Christus nur in seiner *menschlichen* Gestalt dargestellt werden könne, die Heiligen aber in den Himmel erhöht und zu einem Zustande verklärt worden seien, den kein irdischer Gedanke zu fassen, kein Pinsel oder Meißel auszudrücken vermöge. Nur das Kreuz sollte als Erinnerungszeichen des Opfertodes Christi gestattet sein.

Folgender Satz wurde auf diesem Konzil als bestimmend formuliert:

«Es ist Christen, die in der Hoffnung der Auferstehung leben, nicht erlaubt, götzendienerische Sitten zu befolgen und die Heiligen, die in solcher Herrlichkeit erstrahlen werden, in der *unrühmlichen, toten Stofflichkeit* darzustellen und dadurch zu beleidigen.» [120]

Es war so, wie es auch damals von Seiten der Bilderverehrer schon geltend gemacht wurde:

«Sie» – die Ikonoklasten also – «betrachten die Stofflichkeit selbst als schlecht und schimpflich.» [121] Diese Anschauung stand ja im engsten Zusammenhang mit dem Neuplatonismus, nach dem schlechthin alles Wertvolle und Positive als ein Abglanz einer jenseitigen, übersinnlichen Ideenwelt in diese wesenhaft unvollkommene, materielle Welt hineinragt, aus der es Befreiung zu suchen gilt. In diesem Sinne ist es höchst bezeichnend, wenn Porphyrios in seinem ‹Leben Plotins› erzählt:

«Plotin pflegte sich zu schämen, daß er in einem Körper lebte. Er weigerte sich, einem Maler oder Bildhauer zu einem Portrait Modell zu sitzen und sagte zu Amelios, der ihn bat, er möge doch ein Bild von sich machen lassen: Genügt es denn nicht, das leibliche Nachbild (unseres höheren Seins) zu ertragen, mit dem die Natur unser Ich umkleidet hat, und sollen wir noch ein *Nachbild des Nachbilds* hinterlassen, das jenes überdauert, wie wenn es etwas Sehenswertes wäre?» [122]

Demgegenüber steht die irenäische Auffassung von der Verklärung der Welt *durch* ihre Vereinigung mit Gott, an der die Bilderverehrung festhielt, die ja dann schließlich unter der Kaiserin Theodora im Jahre 842 aus diesem Streite endgültig siegreich hervorging.

Von besonderem Interesse ist für unser Thema, in welcher Haltung das Abendland damals auf diesen Streit reagierte, da diese Haltung die heraufkommende Pflege des Aristotelismus in der Scholastik vorbereitete und ermöglichte.

In Italien hatte man die ikonoklastischen Verordnungen gegen die Bilder nie anerkannt. Auf dem siebenten Ökumenischen Konzil zu Nicaea im Jahre 787 hatten sich die Bischöfe von Jerusalem, Antiochien und Alexandrien, vor allem auch der Bischof von Rom, sämtlich *für* die Bilderverehrung ausgesprochen, und der dort gefaßte Synodalbeschluß galt seitdem als rechtsgültiges Kirchengesetz. Papst Hadrian I. schickte die Akten dieser Synode 790 an Karl den Großen und durch ihn an die fränkische Kirche, damit sie den Beschluß befolgte. Die Antwort war ein geharnischter Protest Karls und seiner Theologen, niedergelegt in den sogenannten ‹Carolinischen Büchern›, deren eigentlicher Verfasser der britische Mönch und Abt von Tours *Alcuin* war, die aber den amtlichen Titel trugen:

‹Werk des ausgezeichneten Frankenkönigs Karl gegen die törichten und anmaßenden Beschlüsse einer griechischen Synode zugunsten der Bilderverehrung›. Darin wurde unter Aufwendung hoher Gelehrsamkeit *sowohl* die Bilderverehrung *als auch* die Bilderzerstörung *verworfen*:

«Die Bilder sind frei lassend, ihnen gebührt keinerlei Kultus, aber auch keinerlei Feindschaft. Möge die menschliche Kunst all ihre Gaben im Dienste Gottes entfalten! Sowohl die Griechenkaiser mit ihrem Bildersturm als auch die Griechenkirche mit ihrer Bilderverehrung sind im Unrecht! Auch der Papst ist im Unrecht, wenn er uns Unterwerfung unter den Beschluß der neuen Synode von Nicaea zumutet!» [123]

Auf der Synode von Frankfurt 794 stellte sich das gesamte fränkische Episkopat hinter diese Schrift, die dem Papst Hadrian I. amtlich zugestellt wurde. Und obgleich dieser in seiner Antwort betonte, bei der Tradition der römischen Kirche verharren und alle, welche die Bilderverehrung verwürfen, verdammen zu müssen, blieb die fränkische Kirche durch das ganze neunte und zehnte Jahrhundert bei ihrer Überzeugung. Dann erst, mit der allmählich erstarkenden Macht römischen Kirchentums, begann die Bilderverehrung im Lauf des Mittelalters auch in die abendländische Kirche einzudringen, gegen die sich dann in der Zeit der Reformation wiederum bilderstürmerische Tendenzen erhoben.

Wenn Plato von dem Hervorgehen aller einzelnen Urbilder und Ideen aus dem ‹obersten Einen› spricht und das endliche Sein als eine Einschränkung des Seins durch das Nichtsein bestimmt, so sind dagegen für Aristoteles die Form und die Materie gleich ewig mit dem obersten Sein, der ‹ersten Substanz›. Aristoteles ist gleichsam der erste Denker, in dessen Gedanken sich das Gleichgewicht von Materie und Form, von Geist und Natur, ankündigt. Daher wird im Abendland seine Philosophie zum Fundament für das Ringen um die Vereinigung von Glauben und Wissen in der mittelalterlichen Scholastik, wie sie ihren Gipfel in der Philosophie des Thomas von Aquin erreicht.

Im Bilde drückt sich nun im Abendland dieses Gleichgewicht in der wunderbarsten Weise in dem Werk Raphaels aus. Auf dem Bilde, das Ihnen allen unter dem Namen *Die Disputa* bekannt ist, ist nun nicht mehr nur eine übersinnliche Wirklichkeit im Sichtbaren dargestellt oder aber ein Abbild einer natürlichen Wirklichkeit gegeben, sondern hier ist die Begegnung der übersinnlichen Welt mit der sinnlichen selbst Bild geworden! Unten die Gruppe von Bischöfen und Lehrern auf dem Boden dieser Welt, oben die Darstellung der Dreifaltigkeit in der übersinnlichen Welt, in der Mitte, auf dem viereckigen Altar stehend, das Sanktissimum, das ganz in dieser Welt steht, aber als Zeichen, als Signum, das dieser Welt eingeprägt ist, für das, was in der geistigen Welt lebt. Über diesem Bild findet sich die Inschrift *Divinarum Rerum Notitia* (Die Kenntnis von den göttlichen Dingen), die selber in der Gestalt einer gekrönten Frau dargestellt ist, die auf den Wolken thront.

Gegenüber, auf dem Bilde, das *Die Schule von Athen* genannt wird, ist die weltliche Gelehrsamkeit dargestellt, den sieben freien Künsten nachstrebend, der Grammatik, Rhetorik, Dialektik, Arithmetik, Geometrie, Musik und Astronomie. In der Mitte sehen wir zwei nebeneinander stehende Gestalten: die eine Gestalt mit erhobenem Finger in die Höhe weisend, die andere, rechts daneben, die Waagerechte betonend, mit der rechten Hand auf die sich in der weltlichen Gelehrsamkeit Übenden weisend. Über diesem Bilde steht die Inschrift *Causarum Cognitio* (Die Erkenntnis der Ursachen in dieser Welt). Auch diese ist in der Gestalt einer Frau dargestellt, aber sie sitzt auf einem goldenen Armsessel, dessen Armlehnen plastische Bilder der Diana von *Ephesus* tragen, des Symbols der allnährenden Natur.

Über diese beiden Bilder hat Rudolf Steiner einen Vortrag gehalten, in dem er, wie schon Hermann Grimm es tat, die rechte dieser beiden Gestalten als die des Paulus kennzeichnet, während er beide Mittelfiguren als den *Gegensatz des Schauenden und des Sprechenden* bezeichnet. Paulus ist der Sprechende, diejenige Persönlichkeit – so sagt Rudolf Steiner am Schluß jenes Vortrages –, «in der das Schauen zum Worte geworden ist – ich möchte sagen: der Paulus, der hinausgewachsen ist über das Schauen des Ereignisses des Mysteriums von Damaskus, der der *Sprecher* des Christentums geworden ist, der seinen Pakt schließt, einen Kompromiß schließt mit dem, was in der *Causarum Cognitio* gefunden werden kann, wenn man sich erhebt von der Erkenntnis der irdischen Ursachenwelt zu dem, was der Mensch erfahren kann von den göttlichen Dingen. ... In der *Disputa* die Wahrheit, die spirituelle Wahrheit im naturerfüllten Raum; wendet man den Blick ab nach der anderen, gegenüberliegenden Wand, so tritt einem mit seinem Genossen, dem Schauenden, der lehrende Paulus entgegen, der auf die weltliche Gelehrsamkeit hinweist, aus der alles das entspringen kann, was die Menschenseele aus sich selbst finden kann.»

In diesem Vortrage stellt Rudolf Steiner dar, wie in der Reformation sich das musikalische des Nordens an die Stelle des farben- und formenreichen Testaments des Südens setzt. Er bezeichnet Luther geradezu als den Antipoden Raphaels: «In Raphael selbst, wenn Sie es nur äußerlich sehen, ist alles Farbe und Form, alles spirituelle Bildlichkeit, alles Ausdruck und Zeichen einer übersinnlichen Welt, aber in sinnlichen Farben und Formen, alles Gestalten suchend und Gestalten bildend. Und Luther in derselben Zeit in Rom mit einer Seele voller Gesang, voller Poesie, aber gestaltenlos, im Formlosen der Seele lebend, *ablehnend* diese ganze Welt, die in seiner Umgebung in Rom war.»

Und dann spricht er davon, wie in dieser Zeit, in der eine Weiterentwicklung durch Reformation kommen mußte, vom Süden herauf auch eine Reformation kommen wollte, aber eine Reformation, «welche das Paulinische Schauen so der Welt zu vermitteln suchte, ... wie es lebte in den Bildern von Raphael, die unter der Inspiration von Julius II. entstanden sind.» [124]

Wir haben gesehen, wie Raphael den Gegensatz des Schauenden und des Sprechenden unmittelbar nebeneinander darstellt. Damit erscheint die Trennung von sichtbarem *Bild* und hörbarem *Wort* im Bilde selbst als überwunden und aufgehoben. Aber noch erscheint dieses *Bild* vor dem Menschen in der Außenwelt, und was die Seele des Menschen dazu *sagt*, ertönt in seinem Innern. In der Folge aber wird nun der Schauplatz des menschlichen Bewußtseins selbst zu der Bildfläche, zu dem Boden, auf dem die Zeichen der übersinnlichen Welt, die reinen Gedanken, die Formen, den Erscheinungen der wahrgenommenen Welt im reinen Phänomen begegnen. Hier, auf dieser Grenze, auf dieser Schwelle, steht der Mensch selbst heute, mitten in seinem Weltbilde, das zugleich der *Schauplatz* seines Bewußtseins selbst ist. Und hier, in dieser *Erscheinung*, die als Grenze sinnlich und übersinnlich zugleich ist, kann er den Gedanken von sich selbst als Schein *und* als Realität *zugleich* finden; das bedeutet in Wahrheit: das Gewahrwerden der Idee in der Wirklichkeit.

Wir können sagen: solange das Denken ein Nachdenken über die sinnliche Welt ist, solange das Denken Organ der

Auffassung der durch das *leibliche* Auge gegebenen Bilder ist, ist das Auftreten des Gedankens an das Wort gebunden, mit dem die Seele den Sinn des wahrgenommenen Bildes auszusprechen sucht – ja, schon das Suchen nach dem Sinn dokumentiert sich ja in der in Worten ausgesprochenen Frage: «Was ist das?» Und diese Frage ist es ja, mit der die Seele in dem Streben nach Naturwissenschaft dem gesehenen Bilde der Natur gegenübertritt, und alle Antworten sind in Worten formuliert. Aber *nur das Zusammenwirken von Bild und Wort führt zum reinen Gedanken*. Hängt man einseitig am sichtbaren Bilde, so wird man zum Bilderverehrer, hängt man einseitig am tönenden Worte, so wird man zum Bilderstürmer. In beiden Fällen wird der Weg zum Gewahrwerden des reinen Gedankens im reinen Phänomen auf dem Schauplatz des menschlichen Bewußtseins selbst abgeschnitten.

Ist dieser Weg aber gefunden, so wird das Denken Organ der Auffassung der sinnlich-übersinnlichen Wirklichkeit selbst, und der höhere Mensch im Menschen beginnt, auf den Boden, auf dem er steht, mit dem sich öffnenden Auge des Geistes hinzuschauen. Dann hört er im Denken das wiedergeborene Wort, das ihn lehrt, sich in einem höheren Bewußtsein in die wahre Wirklichkeit der Welt hineinzuleben. Darin besteht die wahre Kommunion des Menschen.

Mit anderen Worten: der Mensch, der heute zum Gewahrwerden des reinen Gedankens erwacht ist, muß in einem höheren Erwachen zum Schauen und Hören des reinen Gedankens sich aufschwingen lernen, indem er das Bewußtsein für das entwickelt, was er zwar immer schon tut, aber noch verschläft, nämlich für das zusammenstimmende Handhaben von Bild, Wort und Gedanken.

Dieses Bewußtsein entwickelt zu haben, war das Geheimnis des Heraklit, dessen wunderbare Fragmente man so lange nicht verstehen und als dunkel bezeichnen wird, als man sich nicht entschließen kann, den Erkenntnisweg der Anthroposophie zu gehen. Wir haben gehört, wie Raphael die Causarum Cognitio auf einem Sessel darstellt, dessen Armlehnen die Diana von Ephesus abbilden. Heraklit war in die Mysterien von Ephesus eingeweiht und legte sein Werk, auf einer Buchrolle geschrieben, als Opfergabe im Tempel der Artemis oder Diana zu Ephesus nieder.

In diesem Werk stehen z. B. die folgenden Sätze: «Obwohl das Wort immer wirksam ist, wird es immer Menschen geben, die es nicht verstehen, sowohl bevor sie es gehört als auch nachdem sie es gehört haben; während doch alles dem Worte gemäß geschieht. Unerfahrenen gleichen sie, wenn sie es versuchen, in Reden und Werken so vorzugehen, wie ich es tue, der ich zeige (im Bilde) und erläutere (im Wort), wie es einander, im Zusammenhang der Natur, entspricht. Den anderen Menschen aber verbirgt sich, was sie als Wachende tun, so wie sie vergessen, was sie als Schlafende tun.» [125]

Wer würde hier nicht an ein Wort des Novalis erinnert, das er den Lehrling zu Sais über seinen großen Lehrer sagen läßt: «Er hörte, sah, tastete und dachte zugleich.» [126]

Ein Jahr bevor Rudolf Steiner jenen Vortrag über Raphael hielt, hatte er sein Buch ‹Vom Menschenrätsel› geschrieben, in dem er auch über Troxler und I. H. Fichte spricht, die, im Anschluß an den deutschen Idealismus, nach einer Weltanschauung strebten, für die beide damals schon das Wort ‹Anthroposophie› [127] geprägt haben. Gestatten Sie mir nun, Ihnen aus diesem Buche einige Sätze im Wortlaut vorzulesen.

«Im gewöhnlichen Erkennen liegt zuerst das Sinnesbild vor, und der Gedanke kommt hinzu im Erkenntnisvorgange – der Gedanke, der nicht sinnlich-bildhaft ist. Im geistigen Erkenntnisvorgange liegt das übersinnliche Erlebnis vor; dieses könnte als solches nicht angeschaut werden, wenn es sich nicht durch eine dem Geist naturgemäße Kraft in das Bild ergösse, das sie zur geistig-anschaulichen Versinnlichung bringt. Ein solches Erkennen ist für Troxler das des ‹übergeistigen Sinnes› ... Von solchen Voraussetzungen ausgehend, erahnt Troxler in dem Menschen, der in der Sinneswelt sich erlebt, einen ‹höheren Menschen›, der diesem zugrundeliegt und der der übersinnlichen Welt angehört; ... Und so werden ihm, wie schon früher Friedrich Schlegel, die höchsten in der Sinneswelt sich offenbarenden Eigenschaften und Betätigungen des Menschen zum Ausdrucke von Fähigkeiten des übersinnlichen Menschen. Indem der Mensch in der Sinneswelt steht, eignet seiner Seele die Glaubenskraft. Doch ist diese eben nur die Offenbarung der übersinnlichen Seele durch den sinnlichen Leib. Im Übersinnlichen liegt der Glaubenskraft eine Fähigkeit der Seele zugrunde, die man – will man sie übersinnlich-bildhaft ausdrücken – ein *Gehör* des übersinnlichen Menschen nennen muß. Und so ist es mit der Kraft des Hoffens. Ihr liegt ein *Sehen* des übersinnlichen Menschen zugrunde; der Betätigung in Liebe entspricht im ‹höheren Menschen› die Fähigkeit, im Geiste zu ‹tasten›, zu berühren, wie der Gefühlssinn in der sinnlichen Welt die Fähigkeit des Tastens ist.» [128]

Wir sehen, damit sind die drei Schritte des paulinischen Erkenntnisweges der Anthroposophie vorgezeichnet: die Erweckung der Kräfte der Hoffnung, des Glaubens und der

Liebe im höheren Menschen im Menschen bei der Ausbildung der Imagination, der Inspiration und der Intuition. Wenn an der Schwelle des Geistes der reine Gedanke dem reinen Phänomen begegnet, so wird erst der wahrhaft menschliche, übersinnliche *Mensch* aus der jungfräulichen Maya geboren, in dem das Wort Gottes, das das Leben des Geistes selbst ist, wohnen kann. Und sobald in dieser gegenwärtigen Zeit, in der die Menschheit als solche an der Schwelle des Geistes steht, der Mensch sich frei zu entscheiden vermag, die Wirklichkeit im reinen Denken ehrlich zu suchen, wird die seelen-belebende Hoffnung auf eine höhere Entwicklung der Welt einen neuen Glauben an die Macht *des* Geistes entzünden, der in der *Liebe* auch in ihm wirksam geworden ist. Solange er sich aber sträubt, den Schritt zum sinnlichkeitsfreien Erleben des reinen Gedankens zu vollziehen, wird sich immer wieder Hoffnung in Enttäuschung, Glaube in Verzweiflung und Liebe in Haß verkehren.

Man kann auch sagen, und zwar weil sich das aus dem Gange der menschlichen Bewußtseinsentwicklung ablesen läßt: Das Gewahrwerden der reinen Form im Zeichen erweckt den Gedanken;

das Gewahrwerden der bewegten Form, der Gebärde im Bilde, erweckt aus der Hoffnung das Schauen;

das Gewahrwerden des beseelten Tons in der Farbe erweckt aus dem Glauben die Inspiration;

das Gewahrwerden des geistigen Wesens in der Natur erweckt aus der Liebe die Intuition.

Die Erkenntnis des geistigen Wesens aber ist gebunden an das Gewahrwerden seines seelischen und lebendigen Tuns, dessen Spuren als Formen in die Erscheinung treten, die gelesen werden müssen, um das Wesen des Tuns zu offenbaren. Daher sind im seelisch-erlebenden Geisterkennen Glaube, Hoffnung und Liebe vereinigt, und in dieser Vereinigung, welche die Vereinigung mit dem auferstandenen Worte ist, besteht die wahre Kommunion des Menschen. Auf dem Wege zu ihr wird der Mensch wieder verstehen lernen, worauf das Wort der Kabbala im Buch Jezira deutet:

«Dieses ist das Zeichen: er schaute, redete und machte die ganze Schöpfung und alle Dinge durch einen Namen.» [129] Durch einen Namen, das heißt: durch das Wort!

Und was nun das Weltbild der modernen Physik betrifft: Ist nicht Goethes ‹Faust›, niedergeschrieben oder gedruckt, auch ein ‹Weltbild›? Denn alle auf dem Papier entworfenen Buchstaben sind, sofern es nur auf ihre Struktur ankommt, Bild. Solange man im Bewußtsein hat, daß man, um die Wirklichkeit dieser Welt des ‹Faust› zu erfassen, die Buchstaben und die Schrift lesen – das heißt: innerlich oder äußerlich hörbar aussprechen – muß, ist es gut. Aber in der Physik neigt man dazu, dieses strukturelle Weltbild der Physik für objektiver, für wirklicher zu halten und auszugeben, als die von uns auf Grund der sinnlichen Anschauung erlebte, d. h. also, wenn auch sehr unvollkommen, bereits auf Grund eines *unbewußten* Lesens aufgenommene Welt.

Wollte man sich an ein solches physikalisches Weltbild halten, so wäre das durchaus geradeso, wie wenn man die sichtbaren Buchstaben – oder ihre ‹Struktur› – des Faust für dessen eigentliche Wirklichkeit halten würde und das, wovon die Rede ist, für Illusion. Das hieße aber gerade, den Schleier der Maya endgültig verdeckend über die Wirklichkeit ausbreiten.

Aus der anthroposophischen Welt*anschauung* aber wird sich eine paulinische Physik begründen lassen, welche die Prinzipien von Maß, Zahl und Gewicht aus den Kräften von Hoffnung, Glaube und Liebe in ihrem wahren Inhalt erkennt, denn alles Maß beruht auf Anschauung, alle Zahl ist tönendes Wort und alles Gewicht ist getastete und erlebte Substanz. Anthroposophie wird wahr machen, was Joh. Wilhelm Ritter – von dem Novalis einmal gesagt hat: «Ritter ist Ritter, und wir sind nur Knappen»[130] –, Anthroposophie, sagte ich, wird wahr machen, was dieser Ritter in einer Rede in München 1806 vorausgesagt hat: Die Physik wird Kunst werden, und zwar die höchste Kunst[131]. Als solche aber wird sie sich auf dem gewaltigen und sicheren Fundament erheben müssen, das bereits gelegt ist, nämlich auf der Farbenlehre Goethes, in der – ganz im Sinne des aristotelischen Gleichgewichts von Form und Materie – durch die Anschauung der Farben als Taten und Leiden des Lichtes der Schleier der Maya selbst, indem er verhüllt, zur scheinenden Offenbarung ihrer strahlenden Jungfräulichkeit wird.

Daß aber in Goethe der paulinische Impuls der Raphaelisch-Julianischen Reformation wirkte, wird am schlagendsten deutlich in einem einzigen Satze, den er einmal ausgesprochen hat, nämlich in diesem:

«Die Seele musiziert, indem sie zeichnet, ein Stück von ihrem innersten Wesen heraus, und eigentlich sind es die höchsten Geheimnisse der Schöpfung, die, was ihre Grundlagen betrifft, gänzlich auf Zeichnen und Plastik beruht, welche sie dadurch ausplaudert.»[132]

Wenn aber diese ‹Physik als Kunst› einmal geschaffen werden wird, dann wird gerade sie im umfassendsten Sinne den Menschen zur wahren Kommunion führen können, zur Kommunion mit dem Geiste der Erde, der von sich gesagt hat:

«Wer mein Brot isset, tritt mich mit Füßen.» [133]

Anmerkungen

(G. A. = Rudolf Steiner Gesamtausgabe)

1 *Rudolf Steiner*, Vortrag vom 30.5.1915 in Dornach, in ‹Geisteswissenschaftliche Erläuterungen zu Goethes Faust. Band I.: Faust, der strebende Mensch.› G.A. 272, Dornach, 4. Aufl. 1981, S. 140.

2 Goethes Brief an Frau von Stein konnte nicht nachgewiesen werden. Andere, ähnlich lautende Aussprüche Goethes und anderer Autoren haben Erich Rothacker und Wilhelm Perpeet gesammelt und veröffentlicht in: *Erich Rothacker*, ‹Das «Buch der Natur». Materialien und Grundsätzliches zur Metapherngeschichte›, Bonn 1979.

3 *J. W. von Goethe*, ‹Wilhelm Meisters Wanderjahre›, 1. Buch, 3. Kapitel in ‹Goethes Werke› (Hamburger Ausgabe), Bd. VIII, München 1973, S. 34.

4 *Johannes Falk*, ‹Goethe aus näherm persönlichem Umgange dargestellt›, Leipzig 1856[3], S. 37.

5 Das Zitat konnte nicht nachgewiesen werden.

6 *J. W. von Goethe*, ‹Winckelmann›, in ‹Goethes Werke› (Hamburger Ausgabe), Bd. XII, München 1973[7], S. 98.

7 *Rudolf Steiner*, Vortrag vom 17.7.1921 in Dornach, in G. A. 205 ‹Menschenwerden, Weltenseele und Weltengeist. Erster Teil›, Dornach 1967, S. 226/7.

8 *Rudolf Steiner*, Vortrag vom 1.1.1915: ‹Das moralische Erleben der Farben- und Tonwelt.›, in G. A. 275 ‹Kunst im Lichte der Mysterienweisheit›, Dornach 2. Aufl. 1980, S. 112.

9 *Rudolf Steiner*, Vortrag vom 1.8.1924 in Dornach, in G. A. 237 ‹Esoterische Betrachtungen karmischer Zusammenhänge. Die karmischen Zusammenhänge der anthroposophischen Bewegung›, Dornach 7. Aufl. 1982, S. 131 f.

Raimundus Sabundus schreibt über den Ursprung des Buches der Offenbarung im Vorwort seiner ‹Theologia Naturalis›: «... Es sind zwei Bücher, die uns von Gott gegeben sind, nämlich das ‹Buch der Gesamtheit der Geschöpfe› oder ‹Buch der Natur›; und das andere ist das ‹Buch der Heiligen Schrift›. Das erste Buch war dem Menschen vom Urbeginne gegeben, als die Gesamtheit der Geschöpfe geschaffen wurde, weil ja jedes beliebige Geschöpf nichts anderes ist als gleichsam ein Buchstabe, geschrieben vom Finger Gottes; und aus den vielen Geschöpfen ist, so wie aus vielen Buchstaben, das eine Buch zusammengesetzt, das da heißt ‹Das Buch der Geschöpfe›. Der Mensch selbst ist in dem Buche auch enthalten, und er ist vornehmlich ein Buchstabe eben desselben Buches. Und so wie geschriebene und gesprochene Sätze, aus Buchstaben gemacht, in sich tragen und in sich schließen ein Wissen, sowohl verschiedene zeichenhafte Ausdrücke, als auch verwunderungswürdige Inhalte, ebenso drükken gleichermaßen aus und schließen in sich die Geschöpfe selbst, zugleich im Zusammenhange als auch einzeln einander gegenübergestellt, verschiedene Bildausdrücke und Inhalte, und umschließen das dem Menschen notwendige Wissen. Das zweite Buch aber, das der Schrift, ist dem Menschen als zweites gegeben worden, und zwar als der Mensch vom ersten abfiel, weil er in ihm nicht zu lesen wußte, indem er blind geworden war. Aber dennoch ist das erste Buch, das der Geschöpfe, allen gemeinsam; das Buch der Schrift aber ist nicht allen gemeinsam, denn es wissen ja allein die Kleriker in ihm zu lesen.»

Am Ende des Vorwortes tritt dann das Anliegen des *Raimundus*, daß die Menschen wieder im Buch der Natur lesen lernen müssen und können, deutlich hervor:

«... diese Wissenschaft aber ist nur: kennenzulernen und zu sehen die in die Geschöpfe eingeschriebene Weisheit, sie aus ihnen heraus zu ziehen, in der Seele bildlich darzustellen, und die Zeichenhaftigkeit der Geschöpfe zu schauen. Dies geschieht, indem man ein Geschöpf mit dem anderen vergleicht, und indem man sie so zusammenfügt wie einen Ausspruch mit dem anderen. Aus einer solchen Verbindung springen wahrer Sinn und Zeichenhaftigkeit hervor, wenn der Mensch nur gleichwohl tätig zu verstehen und kennenzulernen weiß.»

Die ‹Theologia Naturalis seu Liber Creaturarum› vollendete Raimundus wenige Wochen vor seinem Tode im Jahre 1436. Sie wurde 1559 ganz verboten, doch wurde das Verbot schon 1564 auf das Vorwort eingeschränkt, dem die obigen Passagen entnommen sind. Sie wurden übersetzt nach der jüngsten Ausgabe: *Raimundus Sabundus*, ‹Theologia Naturalis seu Liber Creaturarum›. Mit einer Einführung hrsg. von Friedrich Stegmüller, Stuttgart 1966, S. 35–39.

10 *Hermann Rauschning*, ‹Der Nihilismus des 20. Jahrhunderts und seine Überwindung›, in ‹Universitas› (VII.) 1952, S. 515–522 und 625–632.

11 *Louis de Broglie*, ‹Licht und Materie. Ergebnisse der Neuen Physik›, Hamburg 1940^3, S. 50.

12 *Rudolf Steiner*, Vortrag vom 22.6.1919 in Stuttgart, in G. A. 192, ‹Geisteswissenschaftliche Behandlung sozialer und pädagogischer Fragen›, Dornach 1964, S. 217.

13 *Carl August von Eschenmayer*, ‹Versuch, die scheinbare Magie des tierischen Magnetismus aus physiologischen und psychologischen Gesetzen zu erklären›, Stuttgart 1816, S. 9.

14 *Rudolf Steiner*, ‹Grundlinien einer Erkenntnistheorie der Goetheschen Weltanschauung›, 8. Kapitel: ‹Das Denken als höhere Erfahrung in der Erfahrung›, G. A. 2, Dornach 7. Aufl. 1979, S. 48. Hervorhebung durch H. B.

15 *Rudolf Steiner*, ‹Die Philosophie der Freiheit. Grundzüge einer modernen Weltanschauung›, G. A. 4, 14. Aufl. Dornach 1978, Motto.

16 Vgl. *Aristoteles*, ‹Kategorien›, übersetzt und erläutert von *Klaus Oehler*, in: *Aristoteles*, ‹Werke in deutscher Übersetzung›, herausgegeben von *H. Flashar*, Bd. 1, Teil 1, Berlin–Darmstadt 1984.

17 *J. W. von Goethe*, ‹Materialien zur Geschichte der Farbenlehre›, Kapitel ‹Konfession des Verfassers›, in: ‹Goethes Naturwissenschaftl. Schriften› Hrsg. von Rudolf Steiner, IV. Band, 2. Abt., Stgtt.–Berlin–Leipzig, o. A., S. 128.

18 *Rudolf Steiner*, ‹Goethes Naturwissenschaftl. Schriften›, G. A. 1, 3. Aufl. Dornach 1973, S. 285.

19 *Rudolf Steiner*, Vortrag vom 29.12.1912 in Köln, in G. A. 142, ‹Die Bhagavad Gita und die Paulusbriefe›, 3. Aufl. Dornach 1960, S. 45/46.

20 *Rudolf Steiner*, Vortrag vom 1.8.1924 in Dornach, in G. A. 237, ‹Esoterische Betrachtungen karmischer Zusammenhänge. Die karmischen Zusammenhänge der anthroposophischen Bewegung›, 7. Aufl. Dornach 1982, S. 130.
Eine wörtliche Äußerung des *Raimundus* über Aristoteles und den Sephirot-Baum ist den Herausgebern bislang nicht bekannt

geworden. Doch findet sich wiederum in der Einleitung der ‹Theologia Naturalis› die Bemerkung, daß «… von den alten heidnischen Philosophen keiner diese Wissenschaft [des Buches der Natur, d. Hrsg.] hat lesen können, weil sie *in Betracht ihres eigenen Heiles* geblendet waren, so sehr sie auch in besagtem Buche eine gewisse Weisheit gelesen haben mögen, und *alles, was sie an Weisheit gehabt haben*, aus demselben herausgezogen haben.» Wenn Aristoteles also auch *die christlichen Heilstatsachen* noch nicht aus dem Buche der Natur hat lesen können, so hat er nach Raimundus dennoch wie alle alten heidnischen Philosophen *alles, was er an Weisheit besaß*, aus dem Buch der Natur herausgezogen.

21 *Plutarch*, ‹Alexander und Caesar›, Kapitel 7, Hrsg. von R. Beutler, übers. von J. F. S. Kaltwasser, Bergen 1949, S. 12.

22 In einer anderen handschriftlich erhaltenen Fassung dieses Vortrages weist Hans Börnsen in diesem Zusammenhang auf *Valentin Weigels* ‹Güldenen Griff› hin, in dem es heißt: «Wäre das Buch nicht, so könnte ich es natürlich nicht lesen; aber es könnte immerhin da sein, und dennoch könnte ich nichts darin lesen, *wenn* ich nicht die Kunst zu lesen verstände. Das Buch muß also da sein; aber es kann mir, von sich aus, nicht das geringste *geben*; ich muß alles, was ich lese, aus *mir* herausholen. – Wäre der Inhalt des Buches in dem Leser: er bräuchte es nicht zu lesen. Dennoch fließt im Lesen dieser Inhalt nicht aus dem *Buche*, sondern *aus dem Leser*».

23 *Kanzler F. v. Müller*, ‹Goethes Unterhaltungen mit dem Kanzler von Müller›, 26.1.1825, hrsg. v. C. A. H. Burkhardt, Stuttgart 1870, S. 99.

24 *Theophrastus Paracelsus*, ‹Werke›, Band II, Medizinische Schriften, besorgt von Will-Erich Peuckert, Darmstadt 1965, S. 517. Die Schrift trägt den Titel ‹Sieben Defensiones. Die Verantwortung über etliche Verunglimpfungen durch seine Missgönner›. – Das lateinische Wort ‹Defensiones› heißt: Verteidigungen. Zitiert ist der Schluß der vierten Defension.

25 *Rudolf Steiner*, ‹Von Paracelsus zu Goethe›, Vortrag gehalten am 16.11.1911 in Berlin, in G. A. 61 ‹Menschengeschichte im Lichte der Geistesforschung›, 2. Aufl. Dornach 1983, S. 119.

26 Die Verse sind einem lateinischen Gedicht entnommen, das unter dem Titel ‹An den eigenen Geist› der Schrift *Giordano Bru-*

no's ‹Von der Ursache, dem Prinzip und dem Einen› beigegeben ist. In: *Giordano Bruno,* ‹Von der Ursache, dem Prinzip und dem Einen›, übersetzt von Paul Seliger, Leipzig o. J., S. 24.

27 *Rudolf Steiner*, ‹Die Philosophie der Freiheit›, G. A. 4, 14. Aufl. Dornach 1978, S. 33/34. Das Zitat findet sich am Ende des 2. Kapitels ‹Der Grundtrieb zur Wissenschaft›.

28 *Carl August von Eschenmayer*, ‹Versuch, die scheinbare Magie des tierischen Magnetismus aus physiologischen und psychologischen Gesetzen zu erklären›, Stuttgart 1816, S. 5/6.

29 *Rudolf Steiner*, ‹Von Paracelsus zu Goethe›, Vortrag gehalten am 16.11.1911 in Berlin, in: G. A. 61, ‹Menschengeschichte im Lichte der Geistesforschung›, 2. Aufl. Dornach 1983, S. 122.

30 *Friedrich Schiller*, ‹Tabulae Votivae› (von Schiller und Goethe), darin: Die Übereinstimmung, in: ‹Sämtliche Werke›, 1. Band, München 1965^4, S. 305.

31 Freie Nachdichtung von *Hans Börnsen*, angelehnt an die Übersetzung der Verse *Dschelaleddin Rumis* durch Ernst Bertram in: *Ernst Bertram*, ‹Persische Spruchgedichte›, Auswahl und Fassung von Ernst Bertram, Insel-Bücherei Nr. 87, 1949, S. 12.

32 *Platon*, ‹Der Staat›, (7. Buch) 524 D.

33 Überliefert z. B. bei *Platon*, ‹Theätet›, 151 E. Vgl. auch ‹Die Vorsokratiker. Die Fragmente und Quellenberichte›, übersetzt und eingeleitet von *W. Capelle*, Stuttgart 1968, S. 327.

34 *Franz Werfel* am 6.5.1931 in einer Rede im Kulturbund in Wien: «... Jener weltanschauliche Komplex aber, den wir hier mit Realgesinnung bezeichnen, stellt die alte sokratisch-platonische Wahrheit auf den Kopf, und behauptet, daß die *Dinge* das Maß des Menschen seien. Und dies *ist* der *Kern* aller zeitgerechten Theorien, wie Ökonomismus, Milieuglaube, historischer Materialismus usw. ... Die Dinge sind zum Maß des Menschen geworden. Dies ist die Schlüsseldefinition der modernen Technik. Da sie unser unentrinnbares Fatum ist, müssen wir hindurch. Sie verspricht uns die Lösung der Lebensfrage durch völlige Unterwerfung der kosmischen Kräfte unter ihre Zwecke und durch den lückenlos rationalisierten Aufbau der Gesellschaft ... Angesichts der heutigen Lage können wir den Zweifel an ihren Heilsmethoden nicht unterdrücken.» Aus: *Franz Werfel*, ‹Realismus und Innerlichkeit›, Berlin–Wien–Leipzig 1932, S. 19/20.

35 *Erwin Schrödinger*, ‹Die Atomisten›, ZS ‹Merkur›, 1955, wieder abgedruckt in: *Erwin Schrödinger*, ‹Die Natur und die Griechen›, Hamburg/ Wien 1959, S. 137.

36 dito, S. 146.

37 dito, S. 151.

38 dito, S. 151/152.

39 *Isaac Newton*, ‹Arithmetica Universalis›, ed. W. Whiston, Leiden 1732, S. 4. Den lateinischen Wortlaut und eine geringfügig abweichende Übersetzung bietet *Helmuth Gericke*, ‹Geschichte des Zahlbegriffs›, Mannheim 1970, S. 71/72.

40 *G. W. Leibniz*, ‹Die Vernunftprinzipien der Natur und der Gnade› (1714), in: *G. W. Leibniz*, ‹Hauptschriften zur Grundlegung der Philosophie›, übersetzt von *A. Buchenau*, herausgegeben von *E. Cassirer*, Hamburg 1966, Bd. II, S. 423.

41 Das Zitat konnte nicht gefunden werden.

42 *G. W. Leibniz*, ‹Brief an Arnauld vom April 1687›, in: *G. W. Leibniz*, ‹Hauptschriften zur Grundlegung der Philosophie›, übersetzt von *A. Buchenau*, herausgegeben von *E. Cassirer*, Hamburg 1966, Bd. II, S. 223.

43 *J. W. v. Goethe*, ‹Enthüllung der Theorie Newtons›, § 22, in: ‹Goethes Naturwissenschaftliche Schriften›, hrsg. v. *Rudolf Steiner*, Stuttgart, Berlin, Leipzig, o. J., S. 340.

44 *R. Steiner*, ‹Die Philosophie der Freiheit›, (5. Kap. ‹Das Erkennen der Welt›), G. A. 4, 14. Aufl. Dornach 1978, S. 91.

45 *Erwin Schrödinger*, ‹Die Natur und die Griechen›, Hamburg/ Wien 1959, S. 139/140.

46 ‹Sepher Jezirah› (‹Buch der Schöpfung›), Erster Abschnitt I., VI., VII., zitiert nach: ‹So spricht die Kabbala›, bearbeitet von *A. Rosenberg*, München-Planegg 1954, S. 6–9.

47 Der altnorwegische Runenspruch lautet nach Aufzeichnungen Hans Börnsens im Original: ᛡ er kaldastr korna
Kristr skóp haeimenn fórna.

48 *Albrecht Dürer*, aus dem Exkurs am Ende des 3. Buches der ‹Proportionslehre›, zitiert nach *Johannes Beer*, ‹Albrecht Dürer als Maler und Zeichner›, Königstein im Taunus 1960, S. 20.

49 *Rudolf Steiner*, ‹Goethes naturwissenschaftliche Schriften›, G. A. 1, 3. Aufl. Dornach 1973, Kap. ‹Goethes Weltanschauung in seinen Sprüchen in Prosa›, S. 334.

50 *J. W. v. Goethe*, ‹Maximen und Reflexionen›, (*Hecker* Nr. 593),

in: ‹Goethes Werke› (Hamburger Ausgabe), Band 12, S. 435.

51 *Max Planck*, ‹Die Einheit des physikalischen Weltbildes›, Vortrag am 9.12.1908 in Leiden, abgedruckt in: *Max Planck*, ‹Physikalische Rundblicke›, Leipzig 1922, S. 6.

52 dito, S. 34.

53 dito, S. 34.

54 dito, S. 36.

55 *Rudolf Steiner*, ‹Über moderne naturwissenschaftliche Anschauungen›, in einer Aufsatzfolge mit dem Oberthema ‹Die Kultur der Gegenwart im Spiegel der Theosophie›, Wiederabgedruckt in: *Rudolf Steiner*, ‹Luzifer-Gnosis. Grundlegende Aufsätze zur Anthroposophie und Berichte 1903–1908› G. A. 34, Dornach 1960, S. 457–466, hier S. 466.

56 *Max Planck*, ‹Die Einheit des physikalischen Weltbildes›, Vortrag, gehalten am 9.12.1908 in Leiden, abgedruckt in: *Max Planck*, ‹Physikalische Rundblicke›, Leipzig 1922, S. 31.

57 dito, S. 31, Vergleiche *Ernst Mach*, ‹Beiträge zur Analyse der Empfindungen›, Jena 1886, S. 23, S. 142.

58 dito, S. 31.

59 *Werner Heisenberg*, ‹Das Naturbild der heutigen Physik›, Hamburg 1955, S. 18. Der am 17.11.1953 in München gehaltene Vortrag, aus dem dieses und die folgenden Zitate stammen, ist unter demselben Titel wiederabgedruckt in: *Werner Heisenberg*, ‹Schritte über Grenzen›, München 1971, S. 121.

60 dito, (1955), S. 18, (1971) S. 122.

61 dito, (1955) S. 19, (1971) S. 122.

62 *J. W. v. Goethe*, ‹Ultimatum›, in: ‹Goethes Werke› (Hamburger Ausgabe), Band 1, S. 306.

63 *J. H. v. Kirchhoff*, zitiert nach: *Ernst Mach*, ‹Über das Prinzip der Vergleichung in der Physik›, abgedruckt in *Ernst Mach*, ‹Populärwissenschaftliche Vorlesungen›, Leipzig 1910[4], S. 266–289, hier S. 266.

64 *Ernst Mach*, ‹Erkenntnis und Irrtum. Skizzen zur Psychologie der Forschung.›, Leipzig 1917[3], S. 15.

65 *Ernst Mach*, ‹Die Analyse der Empfindungen und das Verhältnis des Physischen zum Psychischen›, Darmstadt 1981[6], S. 24, Anm. 1.

66 *Max Planck*, ‹Neue Bahnen der physikalischen Erkenntnis›, Rede, gehalten beim Antritt des Rektorats der Friedrich-Wil-

helm Universität in Berlin am 15.10.1913, in: *Max Planck*, ‹Physikalische Rundblicke›, Leipzig 1922, S. 77.

67 *Ernst Mach*, ‹Die ökonomische Natur der physikalischen Forschung›, Vortrag gehalten am 25.5.1882 in Wien, abgedruckt in *Ernst Mach* , ‹Populärwissenschaftliche Vorträge›, Leipzig 1910, S. 217–244, hier S. 239.

68 Aus dem ‹Sepher Ha Sohar› (‹Buch des Glanzes›), kurz vor Schluß. Zitiert nach ‹So spricht die Kabbala›, bearbeitet von *A. Rosenberg*, München-Planegg 1954, S. 109/110. – «eingegraben auf Tafeln»: 2. Mos. 32, 16

69 Von *Hans Börnsen* überarbeitet nach: ‹Aus dem Rohrflötenbuch des Scheich Dschelal-Ed-Din Rumi›, übertragen von *Walter von der Porten*, Hellerau 1930, S. 40.

70 *Albert Einstein*, ‹Vorwort›, in: *Lincoln Barnett*, ‹Einstein und das Universum›, Frankfurt 1952, S. 6.

71 *Lincoln Barnett*, ‹Einstein und das Universum›, Frankfurt 1952, S. 54.

72 dito, S. 55.

73 dito, S. 38.

74 dito, S. 38.

75 *Max Planck*, ‹Neue Bahnen der physikalischen Erkenntnis›, (1913), in: *Max Planck*, ‹Physikalische Rundblicke›, Leipzig 1922, S. 79.

76 *Max Planck*, ‹Die Einheit des physikalischen Weltbildes›, in: *Max Planck*, ‹Vorträge und Erinnerungen›, Stuttgart 1949, schreibt S. 49: «Das konstante einheitliche Weltbild ist ... das feste Ziel, dem sich die wirkliche Naturwissenschaft ... fortwährend annähert ... Dieses Konstante ... ist nun eben das, was wir das Reale nennen.»

77 *Albert Einstein*, zitiert nach *Lincoln Barnett*, ‹Einstein und das Universum›, Frankfurt 1952, S. 39.

78 *Lincoln Barnett*, ‹Einstein und das Universum›, Frankfurt 1952, S. 39.

79 *Rudolf Steiner*, ‹Philosophie und Anthroposophie›, überarbeitete Fassung eines Vortrages, gehalten am 17.8.1908 in Stuttgart, in: G. A. 35, ‹Philosophie und Anthroposophie. Gesammelte Aufsätze. 1904–1918›, 3. Aufl. Dornach 1985, S. 68.

80 dito, S. 69/70.

81 *Lincoln Barnett*, ‹Einstein und das Universum›, Frankfurt 1952, S. 12/13.

[82] *Werner Heisenberg*, ‹Das Naturbild der heutigen Physik› (1953), in: *Werner Heisenberg*, ‹Schritte über Grenzen›, München 1971, S. 121–126.

[83] *Erwin Schrödinger*, ‹Die Natur und die Griechen›, Hamburg-Wien 1959, S. 167/169.

[84] *Plutarch*, ‹Über das E in Delphi›, in: *Plutarch*, ‹Über Gott und Vorsehung, Dämonen und Weissagung. Religionsphilosophische Schriften.›, eingeleitet und neu übertragen von *Konrat Ziegler*, Zürich-Stuttgart 1952, S. 65.

[85] *Rudolf Steiner*, ‹Philosophie und Anthroposophie›, vgl. Anm. 79, S. 70.

[86] *Novalis*, ‹Schriften. Zweiter Band: Das philosophische Werk I.›, hrsg. von R. Samuel, H.-J. Mähl und G. Schulz, Stuttgart 1960, S. 418–419. – Aus ‹Blütenstaub. Vermischte Bemerkungen›, Nr. 17.

[87] *Novalis*, ‹Schriften Dritter Band: Das philosophische Werk II.›, hrsg. von R. Samuel, H.-J. Mähl und G. Schulz, Stuttgart 1960, S. 595.

[88] *Hermann von Helmholtz*, ‹Über den Ursprung und die Bedeutung der geometrischen Axiome›, Vortrag in Heidelberg 1869, in: *H. v. Helmholtz*, ‹Vorträge und Reden› Bd. II, Braunschweig 1896, S. 7–10.

[89] *Rudolf Steiner*, ‹Grundlinien einer Erkenntnistheorie der goetheschen Weltanschauung›, G. A. 2, Dornach 1979, S. 29.

[90] *Lincoln Barnett*, ‹Einstein und das Universum›, Frankfurt 1952, S. 87.

[91] *Victor von Weizsäcker*, ‹Am Anfang schuf Gott Himmel und Erde. Grundfragen der Naturphilosophie.›, Göttingen 1956, S. 101. – (Vorlesungen gehalten im Winter 1919/20).

[92] Hans Börnsen bezieht sich auf seinen Vorredner. Der Vortrag wurde im Rahmen einer Öffentlichen Tagung gehalten.

[93] Zitiert nach *Hermann Diels*, ‹Die Fragmente der Vorsokratiker. Band I.›, Berlin 1912, S. 152.

[94] dito, S. 157/8.

[95] *Rudolf Steiner*, ‹Methodologisches der naturwissenschaftlichen Weltanschauung›, Vortrag, gehalten am 27. 3. 1920 in Dornach, in: *Rudolf Steiner*, ‹Geisteswissenschaft und die Lebensforderungen der Gegenwart›, Heft V., Dornach 1950, S. 52.

[96] *Novalis*, ‹Schriften. Dritter Band: Das philosophische Werk II›,

hrsg. v. R. Samuel, H.-J. Mähl und G. Schulz, Stuttgart 1960, S. 389.

97 *Blaise Pascal*, ‹Oeuvres de Blaise Pascal›, publ. par *Leon Brunschwicg* et *P. Boutroux*, Paris 1923. – ‹Pensees›, Nr. 347.

98 *Viktor von Weizsäcker*, ‹Am Anfang schuf Gott Himmel und Erde. Grundfragen der Naturphilosophie›, Göttingen 1956, S. 46/48. *Hans Börnsen* macht in seinem Handexemplar des Weizsäcker'schen Buches die folgende Randnotiz: «Mathematik ist nicht *Instrument* des Denkens, sie ist *Denken*!».

99 *Immanuel Kant*, «Ich behaupte aber, daß in jeder besonderen Naturlehre nur so viel *eigentliche* Wissenschaft angetroffen werden könne, als darin *Mathematik* anzutreffen ist.» in: ‹Metaphysische Anfangsgründe der Naturwissenschaft› (1786), Vorrede. In: Immanuel Kant, ‹Werke in sechs Bänden›, Bd. V, Darmstadt 1957, S. 14.

100 Das Zitat konnte nicht nachgewiesen werden.

101 Das Zitat konnte nicht nachgewiesen werden.

102 *Rudolf Steiner*, ‹Die Mysterien des Lichtes, des Raumes, der Erde und ihre Gegenspiegelung in den drei Strömungen der materialistischen Zivilisation›, Vortrag, gehalten am 14.12.1919 in Dornach, in: G. A. 194 ‹Die Sendung Michaels›, Dornach 3. Aufl. 1983, S. 197.

103 *Egmont Colerus*, ‹Von Pythagoras bis Hilbert. Die Epochen der Mathematik und ihre Baumeister. Geschichte der Mathematik für Jedermann.›, Wien 1942, S. 110/111.

104 dito, S. 123.

105 *Rudolf Steiner*, Vortrag, gehalten am 1. April 1918 in Berlin, in: ‹Erdensterben und Weltenleben. Anthroposophische Lebensgaben. Bewußtseins-Notwendigkeiten für Gegenwart und Zukunft›, G. A. 181, Dornach 1967, S. 175.

106 *Arthur March*, ‹Das neue Denken der modernen Physik›, Hamburg 1957, S. 23/24.

107 *Henry Focillon*, ‹Das Leben der Formen›, Bern 1954, S. 33.

108 *Friedrich Dessauer*, ‹Atom und Leben›, in: ‹Vom Atom zum Weltsystem. Eine Vortragsreihe über die Ergebnisse der Atomkernforschung› (Sendereihe des Süddeutschen Rundfunks, gesendet vom Januar bis März 1954), Alfred Kröner Verlag, Stuttgart 1954, S. 147.

109 *Rudolf Steiner*, vgl. Anm. 102, S. 211.

[110] *Rudolf Steiner*, Vortrag, gehalten am 5.10.1919 in Dornach, in G. A. 191 ‹Soziales Verständnis aus geisteswissenschaftlicher Erkenntnis›, Dornach 2. Aufl. 1983, S. 65.

[111] *Rudolf Steiner*, Vortrag, gehalten am 16.3.1921 in Dornach, in G. A. 324 ‹Mathematik, wissenschaftliches Experiment, Beobachtung und Erkenntnisergebnisse vom Gesichtspunkt der Anthroposophie›, Dornach 2. Aufl. 1972, S. 26/7.

[112] *Novalis*, ‹Schriften. Dritter Band: Das philosophische Werk II›, herausg. v. R. Samuel, H.-J. Mähl und G. Schulz, Stuttgart 1960, S. 594.

[113] *Rudolf Steiner*, ‹Das Wesen der Geisteswissenschaft und ihre Bedeutung für die Gegenwart›, Vortrag, gehalten am 20.10.1910 in Berlin, in: ‹Antworten der Geisteswissenschaft auf die großen Fragen des Daseins›, G. A. 60, Dornach 2. Aufl. 1983, S. 38.

[114] *Rudolf Steiner*, vgl. Anm. 18, S. 126.

[115] *Rudolf Steiner*, ‹Mein Lebensgang›, X. Kapitel, in G. A. 28, Dornach 8. Aufl. 1982, S. 165.

[116] *Platon*, ‹Timaios›, 47 a/b, zitiert nach ‹Platons Timaios oder Die Schrift über die Natur›, Übersetzt und erläutert von R. Kapferer und A. Fingerle, Stuttgart 1952, S. 55.

[117] *Erwin Schrödinger*, ‹Unsere Vorstellung von der Materie›. In: ZS Merkur. Deutsche Zeitschrift für Europäisches Denken, (7.) Stuttgart 1953, S. 132/33.

[118] *Max Born*, zitiert nach dem Vorwort der Herausgeber zu *E. Schrödinger*, ‹Unsere Vorstellung von der Materie›. In: Merkur, (7.) Stuttgart 1953, S. 132.

[119] *Endre Ivanka*, ‹Hellenisches und Christliches im Frühbyzantinischen Geistesleben›, Wien 1948, S. 105/6.

[120] Mansi Coll. Conc., XIII., 277 D, zitiert nach Ivanka, s. o., S. 106.

[121] Mansi Coll. Conc., XIII., 280 A, zitiert nach Ivanka, s. o., S. 106.

[122] *Porphyrios*, ‹Vita Plotini›, Kap. I, In: *Plotins* Schriften, Übersetzt von Richard Harder, Bd. V c, Anhang, Hamburg 1958, S. 3.

[123] Freie Übersetzung aus den ‹Libri Carolini›, Buch II, Kap. 21, Ed. H. Bastgen, in M. G. Legum III, Concilia Bd. II, suppl., Hannover u. Leipzig 1924, S. 80.

[124] *Rudolf Steiner*, ‹Raffael: Disputa, Schule von Athen›, Vortrag, gehalten am 5.10.1917 in Dornach, in G. A. 292 ‹Kunstgeschichte als Abbild innerer geistiger Impulse›, Dornach 1981, S. 271/2, S. 260, S. 270.

125 *Heraklit*, Fragment B1 (nach der Zählung von H. Diels), zitiert nach: *Heraklit*, ‹Urworte der Philosophie›, Griechisch und ins Deutsche übertragen von *Georg Burckhardt*, Insel-Bücherei Bd. 49, Frankfurt o. J.

126 *Novalis*, ‹Die Lehrlinge zu Sais›, in *Novalis*, ‹Schriften. Erster Band: Das dichterische Werk›, herausg. von *P. Kluckhohn* und *R. Samuel*, Stuttgart 1960, S. 80.

127 So schreibt z. B. *Ignaz Paul Vital Troxler*, daß jene, «welche eine dem Evangelium entsprechende *Anthroposophie* zu begründen bemüht sind, und die Wiederfindung und Geltendmachung des wahrhaft innern und wirklich neuen oder des übernatürlichen Menschen im Menschen, wie ihn die Schrift lehrt ...» versuchen, als «Pantheisten und Antichristen» gescholten werden. Für ihn ist der «wahrhaft innere und neue Mensch ... der wirklich wiedergeborne und umgewandelte, der in der Schrift als übernatürlicher bezeichnete Mensch, der Mensch, in welchem im Gegensatze zu Adam dem Weltmenschen, Christus der Gottmensch ist und lebt.» Zitiert nach: ‹Das seltene uralte geistreiche Büchlein die teutsche Theologia, oder die Christusreligion in ihrer echten reinen Confession, wie dieselbe vor der Kirchentrennung bestanden.› Mit einer Einleitung neu herausgegeben von *Dr. Troxler*, St. Gallen 1837, S. XII–XIII.

128 *Rudolf Steiner*, ‹Vom Menschenrätsel›, G. A. 20, 4. Aufl. Dornach 1957, S. 66/7.

129 ‹Sepher Jezirah›, Zweiter Abschnitt, VI, zitiert nach: ‹So spricht die Kabbala›, bearbeitet von *A. Rosenberg*, München-Planegg 1954, S. 15.

130 *Novalis*, Brief vom 20. 1. 1799 an Caroline Schlegel, in: *Novalis*, ‹Dokumente seines Lebens und Sterbens›, Frankfurt 1976, S. 149.

131 *Johann Wilhelm Ritter*, ‹Die Physik als Kunst. Ein Versuch, die Tendenz der Physik aus ihrer Geschichte zu deuten›, Rede am 28. 3. 1806 in München, München 1806. Neudruck Berlin 1940, hier S. 50–52.

132 *Johannes Falk*, ‹Goethe aus näherm persönlichen Umgange dargestellt›, Leipzig 1856, S. 38.

133 Vgl. auch *J. W. Ritter*, ‹Physik als Kunst› (Anm. 130), S. 54: «... Denn während der Sterbliche wähnt, zu der Natur zurückzukehren, die er einst verließ, ist es ein Gott, der ihm entgegenkommt, und ihn jetzt in sich aufnimmt ...»

Über den Verfasser

Hans Börnsen wurde am 27. Januar 1907 in Hamburg geboren. Er wuchs am Rande der Großstadt in ländlicher Umgebung auf und besuchte die Lichtwark-Schule. Nach dem Abitur studierte er zunächst in Hannover Maschinenbau, dann in Hamburg Mathematik, Physik und Philosophie. Auch Vorlesungen über Musiktheorie und Musikgeschichte hörte er, die ihm die kompositionstechnische Grundlage für sein eigenes, bis in die letzten Lebenstage hinein währendes Komponieren gaben. Während der Dreißiger Jahre entstanden erste Aufsätze zu den auch in diesem Sammelband im Mittelpunkt stehenden Grundfragen der Naturerkenntnis. So befaßte er sich schon damals insbesondere mit der Bedeutung der Dimensionen, mit dem Wesen des Stoffes, mit dem Zusammenhang von Stoff und Form. Er verfaßte aber auch Kurzgeschichten, Gedichte, dramatische Versuche sowie Übersetzungen. Daneben beschäftigten ihn Architekturstudien, Studien zur mittelalterlichen Kunst, zur Malerei der Romantik und grundsätzliche ästhetische Betrachtungen. Dabei war es sein Anliegen, den Goetheschen Begriff der Metamorphose in sich lebendig und dadurch für alle diese Lebensgebiete fruchtbar werden zu lassen. Ohne die Durchdringung der gegenwärtigen Zivilisation mit einem von Goethe inspirierten Denken in Metamorphosen schien ihm keine fruchtbare Zukunft möglich. In seiner Dissertation über ‹Leibniz' Substanzbegriff und Goethes Gedanke der Metamorphose› zeigte er 1942, daß schon Leibnitz danach strebte, diesen Begriff der Metamorphose zu ergreifen, daß es ihm aber noch nicht mit derselben Klarheit wie Goethe möglich war. Das Streben nach einem solchen Denken in Metamorphosen schien Hans Börnsen überhaupt charakteristisch für den deutschen Volksgeist zu sein.

Der 2. Weltkrieg führte ihn als Übersetzer nach Norwegen, wo ihm – obschon dem Dienstgrade nach nur Obergefreiter – die kulturelle Betreuung größerer Truppenteile anvertraut war. Im Angesicht der gewaltigen Felsennatur Norwegens hatte er Gelegenheit, sich in die Nordische Mythologie zu vertiefen. Im Jahre 1945 kehrte Hans Börnsen nach einer kurzfristigen Verlegung seiner Einheit nach Norditalien über Wien nach Hamburg zurück. Dort gestaltete er gemeinsam mit Dr. Paula Dieterich und Dr. Julius Solti das Leben der ‹Anthroposophischen Gesellschaft Hamburg› während der nächsten Jahrzehnte. Das Bild gegenüber der Titelseite datiert aus dem Beginn dieser Aufbauarbeit, dem Anfang der Fünfziger Jahre. In verschiedenen norddeutschen Städten hielt er in diesen Jahren fortlaufende Seminare und Vortragsreihen, in denen sich die lebenslange weitere Beschäftigung mit den bereits angesprochenen Themen niederschlug. Bald wurde er auch in den Kreis der Generalsekretäre der deutschen Landesgesellschaft der ‹Allgemeinen Anthroposophischen Gesellschaft› berufen. Die vielfältigen damit verbundenen Aufgaben erfüllte er bis zu seinem Tode am 3. April 1983.

Werk-Verzeichnis und Bibliographie
Eine Auswahl

Die Schriften und Vorträge sind in der Reihenfolge ihres Entstehens aufgeführt, unabhängig davon, ob sie bereits veröffentlicht wurden oder nicht. Die Veröffentlichungen sind in der bibliographisch üblichen Weise dokumentiert. Eine Auswahl der bislang unveröffentlichten Vorträge wird von den Herausgebern mit aufgeführt, um ein zutreffendes Bild der vielseitigen Denkwege Hans Börnsens zu geben. Die Herausgeber hoffen, im Laufe der nächsten Zeit einiges davon drucken zu können.

1933

Gedanken über eine organische Erneuerung der Kunst aus der bewußten Erfassung ihres Wesensgrundes. Aufsatz. In: Der Morgen. Von der Gestaltungskraft des Geistes. Heft I, Hamburg 1933, S. 3–11.
Der Morgen von Ph. O. Runge als Offenbarung vom Sinn der Kunst. Aufsatz. In: Niederdeutsche Welt. Monatsschrift für das niederdeutsche Kulturgebiet (8.) Lübeck 1933, S. 335–340.

1938

Morgen und Abend. Zwei Bilder von Caspar David Friedrich. Aufsatz. In: Niederdeutsche Welt. Monatsschrift für das niederdeutsche Kulturgebiet (13.) 1938, S. 11–15.

1939

Leibniz' philosophische Haltung und die Idee des Christentums. Aufsatzfragment.
Über die Bedeutung der Naturphilosophie des 17. Jahrhunderts in ihrem Verhältnis zur Schulphilosophie und zur Neuzeit, mit besonderer Berücksichtigung der Lehre vom Geist in der Physik des Comenius. Aufsatz. Abgedruckt in [1985 (b)].

1942

Leibniz' Substanzbegriff und Goethes Gedanke der Metamorphose. Dissertation. Abgedruckt in [1985 (b)].

1948

Erneuerungsimpulse für die Musik aus geisteswissenschaftlichem Erkennen. 11 Seminare vom 13. 10.–22. 10. 1948 in Hamburg (in Vorbereitung).

1949

Caspar David Friedrich. Vier Vorträge vom 10.1. bis 7.2.19 49 in Hamburg (unveröffentlicht).
Die geistige Situation der Gegenwart und die Aufgaben des Dramas. In: Hamburger Jahrbuch für Theater und Musik, Hamburg 1949, S. 23–39.

1950

Über die Auferstehung der Musik aus dem Ungeist der modernen Kulturtragödie. In: Hamburger Jahrbuch für Theater und Musik, Hamburg 1950, S. 9–17.

1951

Abstraktion, Wirklichkeit, Surrealismus. In: Hamburger Jahrbuch für Theater und Musik, Hamburg 1951, S. 24–43.

1952

Über das Lesen im Buch der Natur. Vortrag am 4.6.1952 in Hamburg. Abgedruckt in [1986 (a)].

1954

Die Würde des Menschen im Weltgeschehen der Gegenwart. Vortrag am 9.6.1954 in Hamburg (unveröffentlicht).

1955

Herders Weckruf in unsere Zeit. Vortrag am 23.9.1953 in Hamburg. In: Veröffentlichungen der Anthroposophischen Studentengemeinschaft Hamburg, Heft 1, Hamburg 1955, S. 14–24.
Bild, Wort, Gedanke – Das Gewahrwerden der Idee in der Erscheinung. Vortrag am 3.6.1955 in Hamburg. Abgedruckt in [1986 (a)].

1956

Das Gewissen im Zeitalter der Freiheit. Vortrag am 9.10.1956 in Hamburg (unveröffentlicht).

1957

Maß und Zahl. Der Mensch, das Maß aller Dinge. Vortrag vom 14.10.1955 in Hamburg, Hamburg 1957, 32 S.

1958

Farbe und Form als Elemente der Weltensprache. Vortrag vom 25.5.1956 in Hamburg. Hamburg 1958, 26 S.
Das Wesen der Mitteilung. Entäußerung oder Verinnerlichung des Denkens. Vortrag am 10.10.1957 in Hamburg, Hamburg 1958, 23 S.
Wissenschaft und Wirklichkeit. Das Verhältnis der Naturwissenschaft zur Wirklichkeit der Natur. Vortrag am 15.6.1957 in Hamburg. Hamburg 1958, 24 S.
Der Ruf an den Menschen durch Zerstörung und Aufbau. Vortrag am 30.5.1958 in Hamburg (unveröffentlicht).

1959

Was ist Anthroposophie? Vortrag in Flensburg am 15.4.1959 (unveröffentlicht).

1960

Mythos und Wissenschaft. Die Prophetie der Edda und das Weltbild der modernen Physik. 8 Vorträge vom 29.12.1959 bis 3.1.1960 in Hamburg, (unveröffentlicht).
Goethes Farbenlehre als Schlüssel zur Geistwirklichkeit der Natur. Vortrag am 23.10.1959 in Hamburg. Hamburg 1960, 28 S.

1961

Anthroposophie. Der Weg zum Verständnis unserer Zeit. Vortrag am 27.5.1961 in Hamburg. Hamburg 1961, 23 S.
Grogaldr Fiölsvinnsmal. Neue Übertragung aus der Edda mit einem Vorwort von Dr. phil. Hans Börnsen. Hamburg 1961, 24 S.
Anton der Gartenkünstler und andere Humoresken. Hamburg 1961, 16 S.
Die Kunst Caspar David Friedrichs auf dem Hintergrunde der irischen Mysterien. Vortrag am 2.9.1961 in Bremen (unveröffentlicht).
Illusion und Magie des physikalischen Weltbildes. Vortrag am 2.11.1961 in Berlin. Abgedruckt in [1964 (a)].

1962

Modernes Denken und die Sprache des Schicksals. Vortrag am 30.7.1962 in Dornach. Abgedruckt in [1964 (a)].

1963

Wegbereitung der Zukunft durch die Kunst. Sechs Vorträge vom 20.4.1963 bis 29.6.1963 in Bremen (unveröffentlicht).

1964

Naturwissenschaft an der Schwelle. Stuttgart 1964, 37 S. Enthält [1961 (e)] und [1962 (a)].

1965

Das geheime Gesetz des Siebenecks. Die Gestaltung der Form aus dem Reich der Bewegung. Stuttgart 1965, 56 S.
Geistige Führung und menschliche Initiative. Sechs Vorträge vom 23.1. bis 10.4.1965 in Bremen (unveröffentlicht).
Der Weg zu einem auf Erkenntnis beruhenden Christentum. Sechs Vorträge vom 24.4. bis 3.7.1965 in Bremen (unveröffentlicht).
Künstlertum und Sehertum. Zwei Vorträge vom 4. und 18.9.1965 in Bremen (unveröffentlicht).
Die Bedeutung der Musik für die Entwicklung der Kultur. Vier Seminare vom 6.11. bis 18.12.1965 in Bremen (in Vorbereitung).

1966

Natur als Geistesoffenbarung. Vortrag am 19.11.1966 in Bremen (unveröffentlicht).

1969

Die Bedeutung der Eurythmie für das Geistesleben der Gegenwart. Aufsatz. In: Eurythmeum Stuttgart (Prospekt), Stuttgart 1969, 3 S.

1972

Der Christus-Impuls im gestaltenden Denken. In: Mitteilungen aus der Anthroposophischen Arbeit in Deutschland 1972, S. 25–29.
Der Christusimpuls im Erleben des Muskalischen. Vortrag am 4.3.1972 in Bremen (in Vorbereitung).
Eurythmie und Moralische Phantasie. Ansprache am 10.5.1972 in Bremen (unveröffentlicht).
Gestaltende Kräfte im Schicksalswalten, Vortrag am 11.5.1972 in Bremen. In: ZS die Drei (42.) Stuttgart 1972, S. 306–313.
Geheimnisse der Kabbala. Vortrag am 18.10.1972 in Hamburg (unveröffentlicht).

1973

Hegel-Marx-Steiner. Vortrag am 12.4.1973 in Hamburg (unveröffentlicht).
Die Sprache des Denkens. Vortrag am 31.5.1973 in Freiburg (unveröffentlicht).

1976

Anthroposophie und das geistige Suchen in der Gegenwart. Die Kategorien des Aristoteles. Pfingst-Vortrag am 5.6.1976 in Bremen (unveröffentlicht).
Vom Sinn der Weltgegensätze in der Menschheitsentwicklung. Zum Goetheanum-Kongreß in Hamburg vom 25. bis 31. Oktober 1976. In: ZS die Drei (46.) Stuttgart 1976, S. 463–466.

1977

Bewußtseins-Schulung. Die Suche nach der Wirklichkeit. Vortrag am 26.10.1976 in Hamburg. In: ZS die Drei (47.) Stuttgart 1977, S. 1–7.
Welt-Gegensätze. Zur geistigen Lage des Menschen in Mitteleuropa. Vortrag am 30.10.1976 in Hamburg. In: ZS die Drei (47.) Stuttgart 1977, S. 8–15.
Das Neue Jerusalem. Vortrag am 2.11.1977 in Hamburg (unveröffentlicht).
Anthroposophie und Kunst. P. O. Runge, ein Vorverkünder der Anthroposophie. Vortrag am 10.12.1977 in Bremen (unveröffentlicht).

1978

Wissenschaftsgeist und Geisteswissenschaft. Vortrag am 15.3.1978 in Hamburg (unveröffentlicht).
Übe Geist-Erschauen! Vortrag am 26.4.1978 in Hamburg (unveröffentlicht).
Die Atomfrage und das Rätsel der Freiheit. Aufsatz. In: ZS die Drei (48.) Stuttgart 1978, S. 705–714. Sonderdruck [1981 (a)].

1980

Abraham. Mysterienhintergründe zu dem Drama Barrabas von Albert Steffen. Vortrag am 6.2.1980 in Hamburg (unveröffentlicht).
Der Tod Baldurs. Vortrag am 31.3.1980 in Dornach (in Vorbereitung).
Im Gedenken an die Welt der Toten – Hermann Poppelbaum. In: Jahrbuch 1980 der Anthroposophischen Gesellschaft in Deutschland, Stuttgart 1980, S. 23–29.
Die Bildnatur des Menschen. Erkenntniswissenschaftliche Perspektive. In: Jahrbuch 1980 der Anthroposophischen Gesellschaft in Deutschland, Stuttgart 1980, S. 31–35.
Geist und Stoff. Vortrag am 27.10.1980 in Hamburg (unveröffentlicht).

1981

Die Atomfrage und das Rätsel der Freiheit. Hamburg 1981, 12 S. Abdruck von [1978 (c)].
Toten-Gedenken – Ernst Weißert. Die Öffnung zur Geistwelt. In: Jahrbuch 1981 der Anthroposophischen Gesellschaft in Deutschland, Stuttgart 1981, S. 32–35.

Substanzerleben und Wirklichkeitserkenntnis. Der Begriff der Substanz und die Substanz des Begriffs. Vortrag am 13.5.1981 in Hamburg (unveröffentlicht).

1982

Anthroposophie, der Weg zum Verständnis unserer Zeit. Bhagwan und die Aufgabe des Denkens im Lichte der Geisteswissenschaft. Vortrag am 18.9.1982 in Bremen. (unveröffentlicht)

Novalis und der deutsche Volksgeist. Zwei Seminare am 1.11.1982 in Hamburg. (unveröffentlicht).

1985

Leibniz' philosophische Haltung und die Idee des Christentums. In: ZS die Drei (55.) Stuttgart 1985, S.69–76. Abdruck von [1939 (a)].

Leibniz' Substanzbegriff und Goethes Gedanke der Metamorphose. Stuttgart 1985, 181 S. Enthält [1939 (b)] und [1942 (a)].

1986

Vom Lesen im Buch der Natur. Dornach 1986, Enthält [1952 (a)], [1955 (b)], [1957 (a)], [1958 (a)], [1958 (b)], [1958 (c)].